M.ª Luisa Ferrerós

El método 1, 2, 3 para portarse bien

La forma fácil y divertida de conseguir cambiar
los comportamientos inadecuados de los hijos,
desde que son bebés hasta la adolescencia

Edición a cargo de Mercedes Villena

Planeta

Diagonal, 662-664, 08034 Barcelona (España)
Ilustraciones del interior: Narcís Turró Cusí
1.ª edición: marzo de 2009
Depósito Legal: M. 6881-2009
ISBN: 978-84-08-08549-2
Composición: Víctor Igual, S. L.
Impresión y encuadernación: Dédalo Offset, S. L.

Índice

El método 7
¿Qué significa portarse mal? 11
¿Por qué se portan mal los niños? 15
¿Cuándo se portan mal? 19
¿Podemos evitar el mal comportamiento? 23
El efecto desgaste 27
Sentar las bases 29
No existe niños buenos... ni malos 30
Un buen ambiente familiar 43
Una buena comunicación 48
Alimentación y sueño. Necesidades básicas cubiertas 49
Excepciones. Cuándo no hay que reprender al niño 50
Descartar problemas 52
El método 1, 2, 3: Las soluciones 55
Enseña con el ejemplo y crea un buen ambiente 55

La empatía. Aprendemos por imitación 56
Aplicación del métdo 1, 2, 3 67
Etapas rebeldes. La pequeña adolescencia 67
Cómo actuar ante una pataleta con la técnica del semáforo 76
La adolescencia (doce-dieciséis años) 79
Test de sociabilidad 81
Otras causas del mal comportamiento. Los celos (para pequeños y adolescentes) 87
Test de sensibilidad 96
La autoestima 103
Test de sobreprotección 107
Nuestros mensajes son el espejo donde se mira el niño 111
El niño difícil 115
Test del niño difícil 117
Preguntas del entorno familiar 121
Soluciones. La técnica del semáforo 123
Objetivos educativos. Cómo alcanzarlos 129
Método del 1, 2, 3 para vestirse de prisa y sin problemas 133
Cómo conseguir que ordenen 139
Cómo resolver los problemas con las comidas 141
Enseñar a respetar y respetarse 149
Cómo educar al niño caprichoso 153
Cómo conseguir que los hermanos se lleven bien 157
Cuando los deberes se hacen interminables 159
Conclusión 165

El método

Todos nos sentimos identificados cuando pensamos en un niño que no escucha y al que se le repiten más de veinte veces las cosas para que haga caso. ¿Quién no se ha visto en medio de un supermercado (o en otro lugar público) paralizado sin saber qué hacer, porque el niño está montando una escena? (Por cierto, el anuncio de la mamá que se tira al suelo y patalea es ficción; ¿quién se atrevería a ponerlo en práctica?)

Los niños parecen conocer nuestros puntos débiles y muestran su peor cara en situaciones comprometidas, delante de la gente, en espacios públicos, en la calle, en el parque, en las tiendas... Y si intentamos poner orden, nos sentimos juzgados por la gente que está presenciando el berrinche. En esos momentos solemos sentirnos cuestionados o creemos, directamente, que estamos dando una mala imagen como padres.

Esas situaciones no son agradables para nadie y, como padres, lo que queremos es que nuestro hijo se porte bien, obedezca y nos escuche. Semejante convicción nos aporta la fuerza necesaria para intentar un cambio de actitud por parte del niño. Sin embargo, todavía nos falta el método, la práctica y las soluciones, tres importantes estrategias que aplica la Psicología Sistémica.

Esta psicología ofrece una novedosa y moderna forma de actuar de manera estratégica, que aporta soluciones eficaces para la educación en la vida real. Sus principales impulsores son P. Watzlawick y G. Nardone, que actualmente dirigen la Escuela de Investigación Psicológica del Mental Research Institut (MRI), en la Universidad Stanford (California).

Según la psicología sistémica, una vez que somos conscientes de la importancia de nuestra intervención en la vida de nuestros hijos, la forma de enfrentarnos a un problema dialéctico con ellos consiste básicamente en evitar los enfrentamientos, que derrumban la autoestima, y potenciar, en cambio, las habilidades innatas del niño.

Para conseguir inducir un cambio de comportamiento de forma positiva y potenciar la autoconfianza hemos de ponerlos en situación de elegir entre dos alternativas, una mala y una buena. Si el niño es listo, obviamente elegirá la buena, que será la que los padres queréis potenciar.

Mediante esta estrategia, el niño se está entrenando en tomar decisiones correctas, lo cual le estimula y le motiva, a la vez que se van eliminando las discusiones como medio de comunicación en la relación paternofilial. Para ilustrarlo voy a dar un ejemplo cotidiano.

> Cada día nos «peleamos» con nuestro hijo para que haga los deberes. Suele tardar mucho, le cuesta concentrarse y nunca le da tiempo a acabar; finalmente se va a dormir tarde. Ésta es una cadena de situaciones que dificulta la convivencia familiar y el rendimiento escolar. Sin embargo, podemos ofrecerle otras opciones.
> En lugar del consabido «Venga, ponte a hacer los deberes. Apaga la tele y deja la consola», le decimos: «A ver, Carolina, ya eres mayor para que tenga que avisarte cada día para que hagas los deberes, así que te propongo una cosa: o los haces de 6 a 7 de la tarde —a partir de esa hora está prohibido hacer deberes— o te despertaré a las 6.30 de la mañana para que los termines si aún no los has acabado.»

Con esta estrategia estamos ofreciéndole dos alternativas, pero una es mucho mejor que la otra, de manera que el niño, sin pensarlo mucho, preferirá acabarlos a la hora establecida antes que tener que levantarse a las 6.30 de la mañana.

Es una elección condicionada por la técnica de la doble alternativa. De esta manera nos ahorramos discusiones, ganamos tiempo y conseguimos que nuestro hijo o hija experimente una gran confianza en sí mismo, ya que sus decisiones son acertadas y eso le ayuda a mejorar su autoestima.

Con estas técnicas pedagógicas se consigue evitar conflictos, sin dejar que se salgan con la suya. Funciona en el 98 por ciento de los casos y se puede aplicar a casi todos los conflictos cotidianos. ¡No esperéis demasiado a probarlo; los resultados son increíbles!

¿Qué significa portarse mal?

¿Se porta mal un niño que se echa a llorar porque no le dejas comerse una golosina antes de cenar?, ¿y un niño que no quiere desayunar?, ¿o uno que sin motivo alguno monta una rabieta de órdago?

Portarse mal significa cosas diferentes en cada sociedad. Las formas más habituales de mal comportamiento son las siguientes: no comportarse según las normas establecidas, las normas de los adultos o las de la sociedad en la que se vive, y que desde luego no son las normas de los niños. A los mayores nos interesan el orden, las buenas maneras, los horarios y, sin embargo, improvisamos constantemente, lo que desconcierta a los niños.

Los pequeños, por su parte, no son robots y reaccionan de manera diferente según su estado de ánimo, el cansancio o el estrés, muchas veces de manera desconcertante para los adultos. Se bloquean, no atienden a razones, se «cruzan» y entran en una espiral negativa, de la que a menudo no saben salir solos. Todos los niños tienen días malos y días peores, pero también en la mayoría de las ocasiones son magníficos.

Las prisas, los nervios, el estrés y el cansancio son nuestros peores enemigos por lo que respecta a la educación de nuestros hijos. La improvisación y no marcarse objetivos claros hacen que los niños detecten nuestra inseguridad o miedo, y eso se les contagia.

Cuanto más pequeños, más impulsivos son y tienen menos capacidad reflexiva de autocontrol. Simplemente reaccionan, a veces de la forma más insospechada. Cuántas veces nuestro pequeño se ha echado a llorar desconsolado sólo porque le hemos cambiado el plato por otro más grande. Parece que haya menos comida en el plato y, como él tiene mucha hambre, llora porque piensa que le ponemos menos. O llora porque siempre quiere ponerse los mismos zapatos.

Su mundo es mucho más restringido que el nuestro; todavía no comprenden muchas cosas, aunque parezca lo contrario. Es muy importante ponerse en la piel del pequeño y ver las cosas desde su perspectiva.

Cuando un niño se porta mal, es que tiene un mal día o sencillamente no ha entendido qué se espera de él. Sólo está aprendiendo, lo que no significa que sea «malo» o que tenga malas ideas. Se trata de un proceso de aprendizaje que le va a llevar algún tiempo, dependiendo del momento en que nos pongamos manos a la obra. Pero cuanto antes, mejor.

¿Por qué se portan mal los niños?

Los niños suelen portarse mal porque no hacen lo que nosotros esperamos que hagan, aunque seguramente no les hemos explicado claramente qué esperamos de ellos.

Al principio no conocen las normas, a veces los desorientamos porque improvisamos mucho y ellos no son capaces de entender lo que son las excepciones. Cuando queremos que duerman y no lo conseguimos a la primera, empezamos a probar cosas diferentes, un día lo acunamos, al siguiente lo cogemos en brazos, al otro lo sacamos de paseo, al siguiente le damos un biberón.

El niño siempre hace lo mismo, llorar, pero nosotros respondemos cada vez de forma diferente. El resultado es que el niño se desconcierta y no sabe qué ha de hacer, se siente inseguro y desconfiado. Y no aprende qué es lo que se espera de él en cada circunstancia.

Es un proceso de aprendizaje en el que a menudo se equivocan, ya que aprenden de sus errores y mediante la experiencia. Es parecido a cuando aprenden a ir en bicicleta. Los primeros días has de ir detrás de ellos sujetándolos para que no se caigan, has de darles confianza y, cuando parece que ya lo han pillado, de repente se caen o no miran por dónde van y chocan contra un árbol. Esos pequeños accidentes no hacen que pensemos que el niño ha fracasado y que no es capaz de aprender; tenemos claro que se trata de un proceso, que tardará un tiempo en ganar seguridad y que paulatinamente se irá equivocando menos. **¿Por qué no pensamos lo mismo cuando el niño está aprendiendo a portarse bien? El hecho de que al principio no acierte y monte más de una pataleta no significa que no vaya a aprender.**

Las normas de una casa han de ser muy explícitas y expresadas en un lenguaje comprensible para los más pequeños. Por ejemplo, podemos decirle a un niño de menos de tres años: «No, ahora no. Luego», y el niño seguramente rompa a llorar, porque no comprende la situación ni nuestra negativa.

Los padres suelen sorprenderse de la reacción porque ellos entienden perfectamente que le han dicho al niño que sí, pero más tarde. Sin embargo, el niño ha entendido que no. De hecho, le han dicho la palabra «no» dos veces, y él ya sabe lo que eso significa. Los padres además han utilizado la palabra «luego», un término abstracto que describe un tiempo indeterminado, sin añadir ninguna pista de lo que eso significa.

Si por el contrario le hubieran dicho: «Ahora a cenar y después Chupa-Chups», el niño entendería que su deseo se aplaza en el tiempo, porque el pequeño divide su tiempo según las cosas que hace (desayuno, colegio, merienda, baño, cena); ésas son sus pautas horarias y así le es más fácil situarse y entender, ¡y tener paciencia!

Por otra parte, para comprender mejor el comportamiento del niño, a veces resulta muy útil preguntarse a quién se parece, si al padre o a la madre. Los padres hemos de intentar recordar cómo éramos de pequeños. En ese sentido es importante saber que los rasgos hereditarios del carácter conforman el 50 por ciento de la personalidad del niño.

Coincidencias curiosas

— Los niños muy impulsivos suelen ser varones
— Las madres que han tenido complicaciones durante el embarazo y el parto presentan una mayor incidencia de niños con carácter difícil
— Una asociación muy interesante, aunque todavía no contrastada científicamente, es la existente entre las alergias alimentarias y el comportamiento. Una gran mayoría de niños diagnosticados como «difíciles» tienen alergia a la leche. El mal comportamiento es uno de los indicadores para diagnosticar la celiaquía (intolerancia al gluten). También nos hemos encontrado padres que observan una relación entre episodios de pataletas o berrinches con una alimentación con alto contenido en azúcares o aditivos artificiales. En ese caso, después de merendarse un bollo con chocolate industrial, el niño puede tener un arrebato o «cruzarse» sin venir a cuento. Muchos profesionales están de acuerdo con la hipótesis de la relación de causa-efecto entre nutrición y comportamiento

¿Cuándo se portan mal?

Como padres y educadores, es muy importante que nos hagamos esta pregunta, ya que no es casualidad que coincidan una serie de motivos para el mal comportamiento de nuestros hijos.

Los niños tienen tendencia a portarse mal cuando...

- Están cansados
- Tienen hambre
- Se quieren ir a casa
- Perciben estrés o nerviosismo en el ambiente
- Tenemos prisa
- Estamos de visita y presionamos al niño para que se porte bien; por ejemplo, le decimos veinte veces : «Sobre todo hoy, en casa de fulanito, pórtate bien, sé educado y no se te ocurra hacer ninguna trastada»

- Vamos al súper
- Estamos en la sala de espera de algún médico
- Improvisamos
- Estamos papá y mamá juntos o con los hermanos. En este caso suelen portarse peor que cuando están a solas con uno u otro

Por otra parte, los padres sabemos que es más fácil que un niño coja un berrinche a las 7 de la tarde que recién despertado, en el caso de que duerma bien. Si tienen mal despertar, es una señal de aviso de que no están durmiendo un sueño de calidad, porque se despiertan muchas veces en la noche, les cuesta dormirse o se van muy tarde a dormir.

Para que un niño responda bien, ha de sentirse bien. Las hormonas (dopamina, adrenalina y serotonina) responsables del estado anímico se sincronizan durante el sueño. Un buen sueño, profundo, con las horas necesarias es imprescindible para lograr un buen comportamiento.

Los niños necesitan un promedio de once horas nocturnas —más la hora y media de siesta después de comer los que tienen tres años— hasta que llegan a la adolescencia. Actualmente esto es un reto, ya que tienen tantas distracciones que a veces resulta imposible «desconectarlos» para que se vayan a dormir.

Vamos a la cama, que hay que descansar...

- Asociar una canción con la hora de ir a dormir y desfilar hacia la cama cantando
- Puede aprender a dormirse y relajarse con algún muñeco u objeto preferido
- Acudiremos al rescate si tenemos la seguridad de que tiene algún problema
- La confianza y la seguridad son los mejores relajantes. Si alguien se siente inseguro o desprotegido, es difícil que pueda desconectar y dormirse

¿Podemos evitar el mal comportamiento?

Sí, podemos. Hemos de tener claras unas cuantas cosas. En educación no hay reglas universales, porque no hay dos niños iguales, ni dos familias que funcionen de la misma manera. Lo que a unos les funciona a otros les puede perjudicar. Por eso es importante saber cuáles son los motivos por los que un niño se porta de una u otra manera.

En ese sentido, lo que cuenta no son las conductas, lo que se ve, sino los motivos, las causas. **La tarea educativa implica dedicación, observación y mucho sentido común.**

Siguiendo con el comportamiento referido al sueño, hemos de tener en cuenta que no es lo mismo un niño que no se duerme porque le cuesta relajarse, que otro al que le asusta la oscuridad u otro que quiere llamar la atención porque tiene un hermanito nuevo.

Los tres presentan la misma conducta: no duermen, se despiertan constantemente y acaban en la cama de los padres. Sin embargo, los motivos son bien distintos. Está claro entonces que no se les puede aplicar el mismo castigo, ya que si cerramos la puerta y apagamos la luz, sólo conseguiremos que se duerma el primero —y se dormirá agotado de llorar—, pero el segundo y el tercero tendrán más miedo y se desesperarán —puede incluso que lloren horas y horas desconsoladamente.

Las técnicas que vamos a explicar aquí nos permiten esa adaptación personalizada. Consistirán, por una parte, en motivar al niño con la **técnica del 1, 2, 3, y, por otra, en pararlo con la técnica del semáforo.** Ambas son técnicas complementarias que se apoyan entre sí y nos ayudan de forma fácil y divertida a conseguir que nuestros hijos se porten bien.

Hay que tener claro que, cuando un niño se «cruza» o se bloquea, no atiende a razones y sólo hace que llorar y patalear, hemos de activar el «sistema de situaciones críticas», que explico a continuación.

Normalmente a los adultos nos desconcierta que nuestro hijo o hija actúe de forma irracional —se bloquee, patalee, no escuche— y nos preocupamos porque pensamos que el suyo no es un comportamiento normal. Entonces intentamos razonar con él o ella, darle explicaciones. Sin embargo, hay que tener en cuenta que estamos en una situación de crisis.

No hay que actuar como si el niño estuviera en condiciones normales. Nuestra forma de interactuar con él ha de cambiar. En ese momento no podemos pretender que nos escuche, que razone o que nos haga caso, porque está bloqueado.

Muchas veces, a partir de su bloqueo y de nuestra inadecuada reacción, se genera un círculo vicioso en el que el niño queda atrapado. Los esquemas de comportamiento se repiten una y otra vez, de tal manera que también los padres, con su reacción, se meten de lleno en esta interacción negativa que funciona de la siguiente manera:

Círculo vicioso
Interacción negativa → hábito

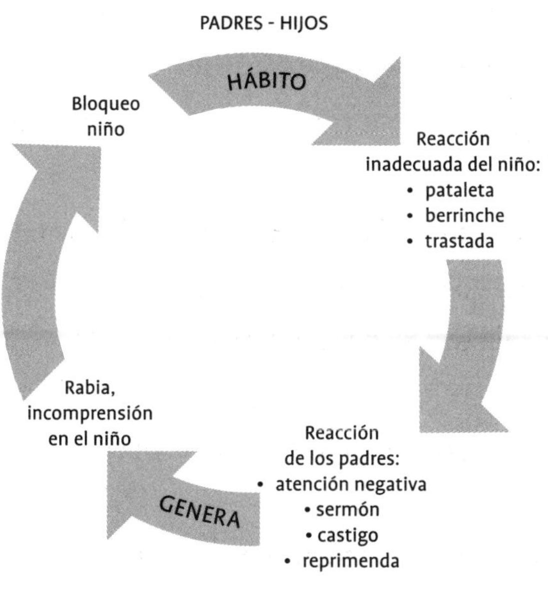

La atención negativa refuerza el comportamiento negativo, lo que a su vez refuerza la atención negativa, hasta convertirse en hábitos tan asimilados que funcionan de forma automática e inconsciente.

Una señal de alarma que nos puede indicar que hemos entrado en un proceso de este tipo es cuando los padres nos comentan que se pasan el día castigando a su hijo y éste cada vez se porta peor.

Actitud de los padres, la clave del éxito del método 1, 2, 3

- No entrar en discusión con el niño, ni mantener contacto visual cuando el niño está bloqueado
- La última palabra la decimos nosotros: «Piensa en lo que te digo y mañana te lo preguntaré» y te vas
- Cuando se ponen normas el niño ha tener la sensación de que los padres controlan la situación y saben a donde van, no de que improvisan
- Lo que decimos hay que interpretarlo → por ejemplo para mantener una cierta distancia el niño ha de estar sentado y vosotros de pie

El efecto desgaste

El resultado de la fricción constante entre padres e hijos por su mal comportamiento ocasiona ciertos problemas colaterales. Al experimentar el constante rechazo en forma de reprimendas y castigos, el pequeño se vuelve más miedoso y dependiente. En este caso, los niños suelen tener pesadillas más frecuentemente, y estar más susceptibles y malhumorados. Los castigos y reprimendas afectan directamente a su autoestima. Para superarlo, se suelen volcar en aspectos más triviales: se vuelven más competitivos y están muy preocupados por ser los primeros en ciertos ámbitos.

Este comportamiento tiene una connotación fuertemente paradójica, porque en casa parecen unos pequeños tiranos y, sin embargo, tienen la autoestima muy baja.

Una vez conseguimos salir del círculo vicioso y reaccionamos siguiendo las técnicas y actitudes explicadas, la situación cambia, ya que estos efectos no provienen del carácter del niño, sino del efecto de desgaste del círculo vicioso.

Sentar las bases

Ante todo, si queremos ser unos buenos educadores, existen ciertos prejuicios que hemos de desterrar: los niños no son árboles torcidos que haya que enderezar, ni tampoco robots, sino personas en formación, personas que están aprendiendo.

En segundo lugar, hemos de establecer una línea de comunicación en la que nos aseguremos de que nuestros hijos, incluidos los más pequeños, entienden las normas de la casa y lo que se espera de ellos.

Los adultos hablamos un idioma muy elaborado con muchas metáforas y lenguaje abstracto. Los niños interpretan nuestras palabras por la entonación, los gestos y el contexto. Ellos entienden el mensaje subliminal, es decir, la intención, pero a menudo se pierden detalles relevantes.

Es importante pues que nos cuestionemos si funciona la comunicación entre padres e hijos, y si verdaderamente conocemos a nuestros hijos. Esta última es una pregunta clave y, para responderla, os propongo un juego.

Coged papel y lápiz y escribid 5 cualidades y 5 defectos de cada uno de vuestros hijos. Proponedle a vuestra pareja que haga lo mismo y luego comparad lo que ha salido. Seguro que os lleváis más de una sorpresa. Y si lo hacéis con la maestra o los amigos de vuestros hijos, las diferencias serán mayores.

Probablemente os preguntaréis cómo puede ser posible que cada uno tenga ideas tan diferentes de cómo es el mismo niño. La respuesta es bastante simple, pero no por ello menos cierta: el niño todavía no tiene definida su personalidad y va probando diferentes estrategias y conductas en los diferentes ámbitos en los que se desenvuelve.

No existen niños buenos... ni malos

Los adultos tenemos la «manía» de etiquetar todo lo que nos rodea para comprender mejor la realidad en la que vivimos. Son juicios que nos ayudan a simplificar las cosas para manejarlas mejor.

Nuestras etiquetas son verbales y por tanto susceptibles de muchos y variados significados en función del contexto. Lo cual, contrariamente a nuestra intención, que es simplificar las cosas, las acaba complicando. Por ejemplo, cuando un niño se porta mal, lo llamamos «niño malo», cuando en realidad queremos enseñarle que se ha equivocado y que su comportamiento ha sido incorrecto.

Los niños, por su parte, deben de pensar: «¡Qué difícil es entender a los mayores!» «¿Por qué me dicen que soy malo, si yo lo que quiero es jugar y que me hagan caso?»

Según esta manera de juzgarlos, los niños son buenos o malos en función de si hacen o no lo que los adultos les mandamos. Pero ¿no nos estamos equivocando de palabra?, ¿no sería mejor decir que son obedientes, dóciles o lo contrario, desobedientes?

A veces sucede también que, cuando llegamos a casa y queremos descansar, el niño nos importuna más de la cuenta y reclama nuestra constante atención. En esas ocasiones solemos pensar, e incluso a veces nos atrevemos a decirlo en voz alta: «¡Qué pesado está este niño! Siempre molestando...» Otras veces tarda mucho en cenar, o no hay manera de que se vaya a la cama.

Cuántas veces hemos deseado que nuestro hijo fuera una especie de conejito Duracell, al que pudiéramos quitarle las pilas a voluntad y «desconectarlo» cuando estamos muertos de cansancio. ¡Qué alivio cuando por fin se duermen!

Es obvio que los hijos nos desconciertan, invaden nuestro tiempo de descanso o de privacidad, nos agobian, nos ponen nerviosos, nos hacen discutir, no nos dejan tiempo para nada... pero tampoco podemos prescindir de ellos.

Criar a un hijo no es tarea fácil, pero puede ser una aventura muy gratificante. En ese sentido, si invertimos parte de nuestro tiempo en conocerlo, podremos ayudarle y disfrutaremos con él, compartiendo su crecimiento.

Nuestra sociedad, por otra parte, es bastante exigente y en cierta manera nos hace desear la perfección. Nos gustaría tener un hijo «perfecto»: obediente, dócil, buen estudiante y que no dé problemas... Pero ¿existen niños y niñas así? ¿Y padres perfectos? Porque, en mi opinión, si esperamos que nuestro hijo sea fantástico es porque los padres también lo somos, ¿no?

Por otro lado, ¿quién quiere un niño «perfecto»? ¿Quién sería capaz de aguantar a unos padres «perfectos»? Pienso, por el contrario, que la clave de la cuestión está en aprender a querer al hijo como la persona única y especial que es. Es nuestro hijo y no hay otro igual.

También hay que dejar de lado las etiquetas —buenas y malas— e intentar llamar a las cosas por su nombre. Igual que entre el color blanco y el negro hay un amplio espectro de grises, existen muchas maneras y caracteres que definen la personalidad de nuestro hijo.

La diversidad es positiva. Hay que huir de las comparaciones. Si conocemos bien a nuestro hijo, sabremos cuáles son sus defectos y cuáles sus cualidades. Son las dos caras de la misma moneda. Nos podemos quejar de lo tozudo que es nuestro pequeño o podemos darle la vuelta a esa visión que tenemos de él, en lugar de intentar cambiarlo. Con esto quiero decir que la tozudez bien aplicada, en los momentos adecuados, se puede convertir en perseverancia.

Algo parecido sucede con el niño muy imaginativo, que se inventa cosas. De él podemos pensar que nos miente, sin embargo hemos de tener claro que no se puede confundir la imaginación y la fantasía con la tergiversación premeditada. Y del niño o niña demasiado tímido podemos valorar su prudencia, en vez de sentirnos molestos por sus silencios.

Hemos de considerar que la infancia es la etapa donde los niños aprenden a conocerse y a desarrollar sus rasgos de carácter, definiendo así su propia personalidad. Unas veces aciertan, otras se equivocan. Aprenden de sus errores, rectifican y buscan su propio camino.

La personalidad del niño la conforman por una parte la herencia genética y, por otra, la educación que recibe tanto en el seno familiar como en la escuela, además de las circunstancias y experiencias que le toca vivir.

Si los padres somos nerviosos, es posible que el niño herede ese nerviosismo, pero ese aspecto siempre quedará modulado por sus circunstancias personales. Si es el primogénito, por ejemplo, tendrá una presión y expectativas diferentes a si es el pequeño de la familia. Y, dependiendo del ambiente en el que crezca —bohemio, conservador, rural, urbano...—, se contagiará de determinados roles culturales que influirán en sus pautas de comportamiento.

Aun así, podemos distinguir varios tipos de maneras de ser, que ya despuntan desde que son muy pequeños. Se trata del temperamento, que podemos apreciar desde la cuna.

Los niños nacen con un temperamento determinado y, desde muy bebés, podemos distinguir, por ejemplo, si nuestro pequeño es muy activo o nervioso, si se pasa el día durmiendo o más bien está atento a cualquier movimiento a su alrededor.

A continuación vamos a especificar seis tipos de temperamento infantil para ayudarte a descubrir cuál es el de tu hijo o hija:

- **Impulsivo:** Siempre está sonriendo y es capaz de

irse con cualquier persona que lo coja en brazos. Parece no tener miedo a los extraños y parlotea o hace gorgoritos a todo el mundo. Será un niño sociable, pero hay que enseñarle a tener paciencia.

- **Prudente:** Se esconde detrás de tus piernas y no quiere desengancharse de los padres. Los primeros pasos le cuestan, es poco proclive a relacionarse con los demás, es un poco inseguro y tímido.
- **Aventurero:** Lo quiere saber todo, su expresión favorita es «¿por qué?». Es tremendamente curioso y nació con los ojos abiertos para no perderse ni un detalle.
- **Travieso:** Hay que estar todo el día detrás de él, es un peligro, quiere trepar por todos sitios y se le ocurren las ideas más descabelladas.
- **Activo:** Es un niño muy movido, parece que nunca tenga bastante. Sus «pilas» son inagotables, corre, salta, habla, recorta, pinta, tira, sube, baja...
- **Miedoso:** No se atreve a ir al lavabo solo, siempre pide que lo acompañes, duerme con la luz encendida, no quiere ir a dormir a casa de nadie... Se encuentra muy a gusto en casa, protegido por sus padres. No le gusta mucho jugar ni correr, prefiere ver la tele, los dibujos, las actividades tranquilas.
- **Gruñón:** Como el enanito de Blancanieves, siempre le busca tres pies al gato y su primera respuesta siem-

pre es «No». Es difícil hacerle cambiar de idea, es muy tozudo.

Como hemos dicho, además de su incipiente temperamento, la personalidad se va consolidando mediante las reacciones que tiene ante determinadas situaciones sociales; es así como nace el carácter del niño.

Sólo hay tres rasgos de carácter, sin embargo, que sí permanecen constantes a lo largo de la evolución individual y que llegan a caracterizar el estilo de cada persona. Se trata de tres ejes conductuales básicos sobre los que gira la personalidad:

1. solidaridad/egoísmo;
2. pacifismo/agresividad, y
3. dependencia/independencia.

Cuando un bebé empieza a tener conciencia de sí mismo, alrededor de los ocho meses, se empiezan a observar reacciones predominantes en cada uno de estos tres ejes. Paulatinamente su tendencia personal se va incrementando y, a los dos años, ya se puede saber la personalidad del niño o de la niña respecto a cada una de estas tres clasificaciones. Si observamos a tres niñas en su clase de baile nos daremos cuenta de cómo funcionan al interrelacionarse y comprobaréis esta teoría.

Carlota, Elena y Marta, de cuatro años, al encontrarse en los vestuarios ya reaccionan de diferente manera ante la misma situación. Carlota le pide a su madre que se quede y la ayude a cambiarse. Elena sale disparada y en un minuto está lista para la clase. Marta, que ve como otra niña se ha olvidado las zapatillas en casa, le deja las suyas sin dudarlo un instante.

Ya podemos valorar el temperamento de cada una en el eje de la dependencia o independencia; situamos en cada uno de los extremos a Carlota, más dependiente, y a Elena, totalmente autosuficiente. Y en el eje del egoísmo/solidaridad, a Marta, que piensa antes en ayudar que en ella misma.

Esta clase de comportamientos los podemos observar en los niños desde que son muy pequeños. Hay los que reaccionan llorando y suelen compartir sin problemas sus juguetes, y los que los defienden con agresividad. Son conductas, obviamente, que no pertenecen al terreno de lo aprendido, sino de lo innato.

Estos rasgos permanentes se pueden modular y apaciguar mediante la educación, pero hemos de tener claro que siempre surgirán en momentos extremos. El código genético nos condiciona y por eso hemos de enseñar a nuestros hijos a autocontrolarse.

Si nuestros hijos saben cuáles son sus puntos débiles y los trabajan desde pequeños con nuestra ayuda, cuando sean mayores sabrán llevar las riendas de su personalidad y hacer de ella una aliada para que no les juegue malas pasadas en la vida cotidiana.

Si seguimos el ejemplo de la carpintería, que explicamos a continuación, nos daremos cuenta de que los defectos individuales se pueden convertir en virtudes al colaborar en equipo.

Asamblea en la carpintería

Cuentan que en la carpintería hubo una vez una extraña asamblea. Fue una reunión de herramientas para arreglar sus diferencias.

El martillo ejerció la presidencia, pero la asamblea le notificó que tenía que renunciar. ¿La causa? ¡Hacía demasiado ruido! Y, además, se pasaba el tiempo golpeando.

El martillo aceptó su culpa, pero pidió que, entonces, también fuera expulsado el tornillo. Dijo que había que darle muchas vueltas para que sirviera de algo.

Ante el ataque, el tornillo aceptó también, pero a su vez pidió la expulsión de la lija. Hizo ver que era muy áspera en su trato y siempre tenía fricciones con los demás.

Y la lija estuvo de acuerdo, a condición de que fuera expulsado el metro que siempre se pasaba el tiempo midiendo a los demás, como si él fuera el único perfecto.

En eso entró el carpintero, se puso el delantal e inició su trabajo.

Utilizó el martillo, la lija, el metro y el tornillo. Finalmente, la tosca madera inicial se convirtió en un precioso mueble.

Cuando la carpintería quedó nuevamente vacía, la asamblea reanudó la deliberación.

Fue entonces cuando tomó la palabra el serrucho, y dijo: «Señores, ha quedado demostrado que tenemos defectos, pero el carpintero ha trabajado con nuestras cualidades. Eso es lo que nos hace valiosos. Así que no pensemos ya en nuestros puntos malos y concentrémonos en la utilidad de nuestros puntos buenos.»

La asamblea encontró entonces que el martillo era fuerte, el tornillo unía y daba fuerza, la lija era ideal para afinar y limar asperezas y observaron que el metro era preciso y exacto.

Descubrieron entonces que eran un equipo capaz de producir muebles de calidad y se sintieron orgullosos de sus fortalezas y de trabajar juntos.

Es fácil encontrar defectos, cualquiera puede hacerlo, pero encontrar cualidades es mucho más constructivo y educativo.

Con esta historia queda claro que la persona no es buena ni mala, sino que tiene un poco de los dos aspectos y que, dependiendo del momento o de las circunstancias, se puede actuar de una u otra manera.

Las películas, los cuentos y las novelas constantemente han expresado esta dualidad sobre la que gravita el individuo. En la saga de «La guerra de las galaxias» se escenifica de forma muy clara. En ella están siempre presentes dos bandos: el lado oscuro de la fuerza y su versión positiva.

Son los «buenos» y los «malos» de siempre. En la última película de la saga se explica además cómo Anakin, padre de Luke Skywalker, se convierte en el temido y malvado Darth Vader, en una escena en la que se ve cómo Anakin se quema en su propio odio. ¿Se trata de una advertencia?, ¿de una moraleja?

Hemos de tener en cuenta en cualquier caso que el aprendizaje del control sobre nuestros instintos o sentimientos puede durar toda la vida. Nos equivocamos, y esos errores son los que nos permiten aprender.

El niño ha de poder ensayar en su niñez para obtener así experiencia sobre lo que es el autocontrol. Como está aprendiendo, suele equivocarse o portarse mal bastante a menudo.

Así pues, los niños no nacen «buenos» o «malos», sino que han de aprender. Y, sobre todo, han de aprender que uno puede cambiar su gestión de estrategias emocionales. Como hemos dicho anteriormente, cualquier rasgo de carácter tiene dos caras.

En ese sentido, nos podemos pasar el día quejándonos de lo tozudo que es nuestro pequeño y empeñarnos en que se vuelva más dócil, sin pararnos a pensar que le podemos sacar partido a su terquedad y convertirla en perseverancia. Con la timidez ocurre lo mismo, bien llevada puede dar lugar a actitudes prudentes y cautelosas. Son las dos caras de la misma moneda.

Visto todo lo anterior, ahora ya podéis intentar eliminar del repertorio de excusas de vuestros hijos los típicos «Es que me pongo nervioso», «Es que soy así» o, peor aún, «Es que me han provocado; yo no he empezado» cuando hacen alguna travesura.

Los niños han de tener muy claro que también se aprende a ser bueno y a portarse bien. Los defectos pueden cambiarse y corregirse, pero primero hay que identificarlos, y en eso la ayuda de los padres es indispensable.

Si en lugar de disimular los defectos o sobreproteger al niño, intentando quedar bien delante de los demás, les hacemos conscientes de ellos y les damos estrategias para buscar soluciones, les haremos madurar y crecer de forma positiva.

Aceptar a nuestro hijo tal como es, es fundamental para su desarrollo. Ése es el primer paso para que se acepte y se quiera a sí mismo. Si tiene el pelo rizado, es bajito o despistado, o se enfada por todo... siempre tendrá una oportunidad para ser feliz, si cree que puede serlo.

Busca las cualidades ocultas de tus hijos y resáltalas

sin miedo. Ningún niño se vuelve engreído por sentirse querido y apreciado por sus cualidades. Hemos de enseñar a nuestros hijos que no se acaba el mundo si no lo eligen para jugar en el equipo de fútbol del colegio o si sus amigas le dan de lado en algún momento.

Para conocer a tu hijo, hay que...

- **Observarlo** en distintas situaciones sin que sepa que lo estás mirando (nuestra presencia puede modificar su conducta; no actúa en libertad)
- **Compartir** sus juegos
- **Escucharlo** atentamente, mirándolo a los ojos
- **Dejar que se equivoque** y evitar corregirle
- **Confiar en él con hechos** más que con palabras
- **Ponerlo a prueba** para comprobar cómo se las apaña solo y qué recursos tiene
- **Desterrar los estereotipos;** no hay que pretender que el niño o la niña encaje en la idea preconcebida que tenías de cómo debería ser un hijo

Hemos de tener en cuenta que en realidad estamos pocas horas con ellos y que se nos suelen escapar matices, detalles que nos ayudarían a tener una idea más clara de la personalidad de nuestro hijo o hija, o de sus ilusiones y preocupaciones.

Por otra parte, cuando alguien se plantea ser padre

o madre, siempre se pone alguna meta: «Quiero que mi hijo consiga ser aquello que yo soñaba», «Seré el mejor padre o madre del mundo»... Sin embargo, resulta que no sabemos lo que quiere nuestro hijo. Puede que sólo desee que le aceptemos y le queramos.

Así pues, no hemos de intentar ser unos «superpadres», sino unos padres cariñosos que disfruten de la aventura de criar y educar a su pequeño.

Los cimientos de la relación padres-hijos

- Sobreproteger impide crecer
- Para aprender hay que equivocarse
- Fomenta el respeto
- Establece unas normas y cúmplelas
- Confía en sus posibilidades
- Demuéstrale cariño
- Valora más sus éxitos que sus fracasos
- Ten en cuenta su esfuerzo por encima de los resultados
- Si puede, exígele

Un buen ambiente familiar

El niño que se siente integrado y valorado en el seno de su familia está tranquilo y tiene una mayor tendencia a portarse bien. El ambiente que se respira en casa es fundamental; un ambiente crispado se contagia.

Es importante saber que los padres no debemos discutir las normas delante del niño para evitar su desconcierto. Los padres hemos de pactar de antemano esas normas en función de la edad y la etapa en la que se encuentra el niño. Por ejemplo, cuando tiene dos años llegamos al acuerdo de que no se le castiga por subirse encima del sillón, pero sí si llama «tonto» a alguien. Por supuesto, hay que respetar las normas siempre y en todo momento, independientemente de si tenemos visitas, estamos en casa de los abuelos o nos encontramos cansados.

Educar en equipo

- Establecer una línea pedagógica común
- Apoyarse mutuamente
- Evitar las descalificaciones en presencia de los niños.
- Evitar que los niños se aprovechen de nuestros desacuerdos.
- Marcarse objetivos comunes

El aprendizaje de este tipo de estructuras emocionales y de comportamiento pasa no por hablar mucho de ello, sino por experimentarlo. Decimos esto porque los niños se diferencian de los adultos en su sistema de comunicación. El de los adultos es básicamente verbal y el de los niños es sensitivo.

Los conceptos abstractos son difíciles de entender para ellos y, aunque los pudieran interpretar, les resulta complicado ponerlos en práctica. A menudo no han desarrollado las habilidades emocionales básicas que se precisan para traducirlos en un cambio de comportamiento.

El cambio de comportamiento tiene como consecuencia un cambio de actitud posterior. Al interiorizar la conducta y sentirse bien actuando de una determinada manera, la actitud interna cambia.

Existen varias formas para que los niños aprendan recursos emocionales, pero, en cualquier caso, los puntos clave que deben seguirse son los siguientes:

a) **establecer los objetivos** que el niño debe lograr;
b) **definir los comportamientos** que necesita para conseguir esos objetivos;
c) **dar ejemplo de la conducta deseada**, de manera que el niño o la niña tengan una imagen mental o mapa cognitivo de lo que han de hacer o cómo han de comportarse;
d) **estimular la práctica de esos comportamientos a través de** tres puntos clave:

— **empatía**,
— **paciencia** y
— **búsqueda de soluciones**;

e) **motivarlo** mediante incentivos positivos, y
f) **observar los resultados**.

Practica el optimismo en casa: se contagia

- Acostumbra a tus hijos a ver las cosas a través de un cristal de color rosa. Delante de ellos, no te lamentes de lo negativo y haz hincapié en lo positivo. Todo tiene un lado positivo. Enséñales que a veces no obtenemos lo que queremos, pero seguramente eso es lo que más nos conviene
- Sé solidario y compártelo con tus hijos: colabora con una ONG, ayuda a los abuelos... Pídeles a tus hijos que te ayuden a enviar juguetes a los niños pobres e intenta que se desprendan de algunos que estén nuevos para dárselos a otro niño que los necesite más
- Colecciona pequeños grandes momentos y disfruta con ellos: una tarde en la cocina haciendo un pastel entre todos, una tarde de cine en casa, con palomitas incluidas, ir juntos a plantar un árbol...
- Agradece a los demás con alegría; se contagia
- Pide perdón cuando te equivoques y perdona a los demás sin rencor. Sintoniza la buena onda familiar
- Dedícale tiempo y energía a tu familia. Hay que estrechar los lazos familiares; son los más duraderos
- Mens sana in córpore sano

- No te derrumbes a la primera de cambio, transmite optimismo
- Huye del odio, las envidias y los miedos. Sustitúyelos por cosquillas y chistes. El buen rollo genera buen rollo
- Inunda tu casa de alegría y buen humor. Las risas y las batallas de almohadas pueden hacer milagros

La risa es nuestra gran aliada. Se ha demostrado que reír cinco minutos hace que trabajen más de 400 músculos y que el sistema endocrino ordene al cerebro la secreción de endorfinas, que ayudan a controlar las sensaciones negativas.

La risa también favorece la generación de adrenalina, hormona que implica la activación de los centros responsables de la creatividad y la imaginación, además de aumentar el estado de alerta.

La dopamina también se activa cuando nos reímos. Esta hormona facilita la agilidad mental. Lo mismo sucede con la serotonina, la más importante de todas, cuyos efectos calmantes disminuyen la ansiedad y las conductas compulsivas.

Hacer reír a un niño pequeño o no tan pequeño no es muy difícil. La aproximación corporal ayuda mucho. Cuando no sepas cómo romper el hielo prueba con una pelea de cosquillas; los resultados son sorprendentes.

A la hora de «jugar» o hacer reír no debe importarte la edad de tu hijo. No pienses que es demasiado mayor o muy pequeño; para compartir juegos no hay edad. Aunque tu hijo sea más alto que tú y haga mucho tiempo que ya no lo acunas, pierde la compostura y atrévete.

La negativa inicial se vence con facilidad. Las cosquillas son irresistibles. Después se crean de forma natural momentos que generan complicidad y tiempo de confidencias. Aprovéchalos.

La proximidad física acorta las distancias emocionales y refuerza los vínculos afectivos. Esos paréntesis actúan como bálsamos y ayudan a salir airoso de las situaciones más complicadas. ¡Probadlo! Seguro que repetís.

Una buena comunicación

Para establecer una buena comunicación con los niños hay que ser coherente. Debemos saber lo que vamos a decir y tener claro si lo vamos a cumplir luego; la coherencia se basa en decir y hacer lo mismo, en cumplir con la palabra dada. Si no vamos a ser capaces de cumplir nuestra «amenaza», es mejor que no lo digamos, porque luego nuestros hijos no nos creerán.

Para conseguir una buena comunicación...

- Somos coherentes
- Creamos contacto visual y físico
- Tenemos uniformidad de criterios
- Establecemos una distancia jerárquica (yo mando)
- Fomentamos el respeto
- Ofrecemos credibilidad
- Admiramos, ensalzamos y agradecemos a nuestros hijos cuando se portan bien o se muestran colaboradores

Alimentación y sueño. Necesidades básicas cubiertas

El equilibrio entre las necesidades físicas y el estado emocional esta íntimamente relacionado como ya hemos explicado en el capítulo anterior. Las hormonas responsables de la estabilidad emocional se regulan y sincronizan durante el sueño. También se necesitan vitaminas y minerales, que se obtienen a través de la alimentación, para que todo el sistema funcione bien.

Así que hay que respetar esas necesidades básicas —sueño y alimentación— y cuidarlas al máximo si queremos que nuestro hijo parta de un buen estado emocional.

Excepciones. Cuándo no hay que reprender al niño

Las siguientes son una serie de circunstancias especiales en las que hemos de relajar las exigencias que tenemos con nuestros hijos. Nuestra tarea como padres no consiste en ejercer de «sargentos» hacia ellos, sino que hemos de comprenderlos y ver las situaciones que pueden constituir una excepción de lo que podría ser un mal comportamiento.

- **Cuando estén enfermos o convalecientes.** Normalmente, en esta situación, el bullicio típico desaparece y están más apagados y fáciles de manejar. Sin embargo otros niños se alteran, se sienten incómodos y se vuelven más irritables cuando se encuentran mal, les duele la barriga o les están saliendo los dientes. En estos casos hemos de pasar por alto su comportamiento y cuidarlos, dándoles muchos mimos.
- **Cuando no tenemos la seguridad de su implicación en la trastada o travesura.** Si castigamos a un niño repetidas veces por algo que no ha hecho, tendrá todo el derecho del mundo a sentir que le tenemos manía y empezará a mentir para ocultar sus actos y evitar así los castigos injustos. En esas situaciones es mejor aplicar

una consecuencia o castigo negativo para todos. Tanto los que empezaron como los que siguieron; de esta manera ninguno es la víctima.

- **Cuando estén muy asustados por lo que han hecho y se encuentren realmente arrepentidos.** Imagina que a tu hija se le ha roto aquella figurita que le has repetido tantas veces que es muy valiosa para ti, porque era una herencia de la abuela y no se puede volver a comprar porque es única o ya no se vende. La niña, al ver que esa pieza se ha hecho añicos en un descuido accidental debido a su atolondramiento, rompe a llorar desconsoladamente por el disgusto que le ha producido su error. Probablemente, después de esa experiencia, la niña intentará no volver a repetirlo y la próxima vez tendrá más cuidado. Además, vosotros los padres también tenéis parte de culpa por no guardar un objeto tan valioso o preciado en un lugar seguro. Así que lo que toca es aceptar que ha sido un accidente, que la niña lo ha hecho sin querer. En ese caso, simplemente le recordaremos las normas y la perdonaremos. Aquí, un castigo sería contraproducente.
- **Cuando se produzcan acontecimientos extraordinarios**, como el nacimiento de un hermanito o hermanastro, un cambio de casa o de escuela, de amigos, de profesores, cuando un familiar cae enfermo, los padres se separan, alguno de ellos se casa con otra persona o el novio o la novia se viene a vivir a casa. La lle-

gada de un nuevo hermano, por ejemplo, puede ocasionar el caos familiar y desubicar al niño. Es mejor olvidarse temporalmente de los límites y las normas hasta que todo vuelva a la normalidad. Hay que intentar ser comprensivo y dar un margen para que el niño se adapte a la nueva situación, que además puede tener una gran carga de implicación afectiva.

- **Cuando ya le hayan reñido y aplicado la consecuencia negativa correspondiente.** No hay que castigar a un niño dos veces por la misma falta. Si ya lo ha hecho la abuela o la canguro, hecho está. No hay que insistir más.

Descartar problemas

Cuando un niño se porta mal hemos de plantearnos qué motivos tiene y si las bases mínimas respecto a comunicación, ambiente familiar y necesidades de alimentación y sueño están cubiertas. Si aun así no encontramos los motivos que llevan al niño a portarse mal, habremos de descartar los siguientes problemas:

1. El niño o la niña puede estar pasando por una época rebelde y nos quiere llevar la contraria. Puede tratarse de...
   a) la pequeña adolescencia (desde los dos a los cuatro años);

   b) la adolescencia y la pubertad (desde los doce a los quince años).
2. Nos quiere fastidiar, porque está enfadado y nos pasa factura.
3. No ha entendido qué queremos que haga, no sabe cuáles son las normas.
4. Intenta llamar la atención...
   a) por celos;
   b) por baja autoestima;
   c) porque tiene problemas escolares: dislexia, TDA-H, es superdotado o le cuesta estudiar;
   d) tiene dificultades de adaptación social, por ejemplo tiene problemas con los amigos o no tiene amigos;
   e) su personalidad es difícil; se trata de un niño con dificultades de adaptación, muy sensible o con personalidad negativa (siempre dice «No»);
   f) cuando no responda a ninguno de los puntos anteriores, padece un trastorno de comportamiento, como impulsividad exagerada y falta de autocontrol funcional. En estos casos hay que consultar con un profesional de la psicología.

Los niños entienden bien lo que son las normas y cuáles son los límites de cada persona. Distinguen las normas asociadas a cada espacio en particular: las de casa, las del colegio, las de casa de los abuelos... Saben quién manda en cada lugar y hasta dónde pueden llegar.

Todos conocemos casos de niños que en casa son incapaces de comer, por lo que las horas de la comida resultan un calvario para la familia, y, en cambio, en la escuela comen de maravilla. O niños que en casa necesitan llevar el chupete a todas horas y en la escuela saben que no se usa y lo guardan en la mochila nada más avistar la puerta.

En muchas ocasiones, cuando mantenemos entrevistas con los profesores de nuestros hijos, tenemos la sensación de que estamos hablando de niños diferentes. En la escuela son responsables y su comportamiento es adecuado, pero en casa son despistados y muy traviesos. La causa de estas diferencias es que se trata de un niño o una niña muy listo/a, que en seguida ha captado cuáles son los límites permitidos en cada lugar y sabe adaptarse a ellos como un camaleón.

El método 1, 2, 3: Las soluciones

1. Enseña con el ejemplo y crea buen ambiente

Nuestro objetivo es conseguir que nos respeten y, por tanto, que entiendan lo que queremos de ellos y que su comportamiento sea adecuado. Sin embargo, hemos de tener en cuenta que están aprendiendo. Como hemos dicho anteriormente, el proceso de aprendizaje incluye el error. Los niños necesitan equivocarse para aprender cuál es el camino correcto, en un entorno de comprensión y cariño.

Nuestra actitud es el mejor método de aprendizaje para ellos, pero es necesario enfatizar nuestra conducta. Para que el niño capte el significado de lo que queremos que aprenda podemos explicarle nuestros motivos.

Así lo hace Elisa con sus hijos. Su marido y ella son una pareja unida, que se ayuda mutuamente. Un día, Elisa está especialmente cansada y Luis, su marido, ha hecho la cena para todos.

Elisa comenta a sus hijos: «Veis, papá se ha dado cuenta de que estoy cansada y ha hecho la cena.» Luego, cuando ella le trae una bebida, Luis le dice a su mujer: «Gracias por darte cuenta de que tenía sed.» Elisa y Luis, con su actitud y sus comentarios, están demostrando a sus hijos el respeto que se tienen y les ayudan a vivirlo y a asumirlo. Esta forma de aprender es parecida a la que obtienen los niños a través de su propia experiencia y descubrimientos personales.

Todos hemos experimentado, frente a la hoja en blanco de un examen, el vivo recuerdo del olvido de lo que simplemente hemos leído en un libro. Cuando nos preguntan para qué sirve un horno no tenemos problemas en responder... pero qué pasa si nos preguntan sobre lo que come una vaca y nunca hemos visto una. Lo que conocemos por experiencia propia nunca se olvida.

2. *La empatía. Aprendemos por imitación*

Según las últimas investigaciones de Daniel Goleman, doctor en psicología por la Universidad Harvard, existe un sustrato neurológico que explica el funcionamiento de la empatía. En sus célebres libros sobre inteligencia emocional y social explica que las responsables de esta habilidad emocional son las neuronas fusiformes o espejo, que contagian las emociones a través de emisiones de la dopamina (hormona responsable de los estados de ánimo). La mayoría de las neuronas fusiformes se encuentran en el córtex neuromotor, que domina las actividades motoras, intencionales y lingüísticas.

Existen muchos sistemas de neuronas fusiformes en nuestro cerebro que actúan como espejos. Sus funciones son varias y van desde imitar lo que hacen los otros, hasta interpretar sus sentimientos o intenciones dentro de un contexto social. El contagio y resonancia de las emociones es básico en el aprendizaje emocional del niño. Gracias a las neuronas fusiformes, el aprendizaje infantil se desarrolla por imitación.

Eso explica por qué son más importantes los hechos que las palabras cuando hablamos de niños y jóvenes. Su diccionario emocional no está basado en complicadas definiciones de los distintos estados de ánimo, sino en las diversas experiencias personales, propias o de observación, de los diferentes repertorios conductuales. Por eso nos emocionamos cuando vemos una película e incluso podemos llorar al identificarnos con determinado personaje. Nuestras neuronas se contagian y resuenan las emociones del personaje como si fueran propias, marcando nuestro bagaje de experiencias.

Las experiencias sensoriales, sean reales, virtuales o imitadas, forman parte de lo que se llama aprendizaje vicario, que fue estudiado a finales de los años setenta por los psicólogos americanos Bandura y Walters. Éste es el motivo de la alta preocupación por los videojuegos, en los que además de imitar determinadas conductas observadas, el niño puede interactuar. Es un tipo de funcionamiento neuronal que no pasa por el control consciente.

La mayor parte de los padres opinan que los niños ya saben distinguir lo que es un juego y lo que es la realidad. Y a nivel cognitivo, sí podemos afirmarlo; es así. Pero a nivel emocional, no. El contagio emocional, la resonancia empática no es voluntaria. Y produce una gran adicción.

Todos la hemos sentido alguna vez, en un concierto de música en vivo, en un partido de fútbol, presenciando alguna inauguración de los Juegos Olímpicos... Alguien empieza a aplaudir y todos nos levantamos eufóricos. Alguien llora y a todos se nos escapan las lágrimas. Alguien se levanta a hacer la ola y todos le seguimos. Alguien explica un chiste y se ríe mientras lo hace, y los demás no podemos evitar partirnos de la risa. Sin embargo, ¿qué ocurre cuando lees el mismo chiste por Internet? Es posible que al leerlo pensemos que es bueno, quizá nos sonriamos o nos riamos un poco, pero no será en absoluto igual a cuando nos lo cuenta alguien. Las emociones «en directo» son difíciles de igualar.

Con esto queremos mostrar que el ambiente emocional en el que el niño vive le ayuda a tener «buena onda» o a desanimarse y portarse mal. Si en una familia se viven situaciones complicadas, que nos hacen perder los nervios, y nuestro humor y empatía son negativos, el niño se contagiará de ese ambiente y también tendrá una empatía negativa. Si en casa solucionamos las cosas gritando, el niño aprenderá a enfrentarse a sus problemas de manera negativa.

Cuando nos encontramos ante una situación que se nos está yendo de las manos, hay que frenar, analizar qué pasa y buscar soluciones, pero, sobre todo, no hay que dejarse arrastrar por los nervios.

Lo normal en el día a día es que las cosas se nos compliquen y surjan mil y un problemas. Si aprendemos a controlar el primer impulso y sonreír, la tensión se relaja y finalmente se crea buen ambiente. Os puede parecer difícil, pero, a menudo, sólo es cuestión de proponerse salir del círculo vicioso. Os vamos a mostrar un ejemplo.

Marta y Rosa, su madre, estaban discutiendo, era el típico enfrentamiento entre madre e hija preadolescente.

La niña estaba enfadada con su madre porque la había hecho esperar a la puerta del colegio. Todas las madres se habían ido ya, Rosa era la última en llegar. Al encontrarse, Marta empezó a chillar, llorando fuera de sí.

«¡Te odio, te odio y te odio! —le gritó a su madre—. ¡Me dejas en ridículo delante de mis amigas!» Rosa intentó explicarse, diciéndole: «Cariño, no he podido avisar. Se me acabó la batería del móvil y nuestra reunión de trabajo se alargó.»

Marta replicó: «Hasta mi profesora ha tenido que enterarse de que eres una tardona. ¡No te importo nada!» «Sabes de sobra que eso no es verdad. Te quiero muchísimo, pero hoy ha surgido un imprevisto», le respondió Rosa, manteniendo la calma y abrazando a su hija.

Marta insistió: «No, no es verdad. Si te importara, harías como las otras madres.» «Cálmate, Marta. Te llevaré a merendar a ese sitio que te gusta tanto y nos reiremos las dos de la situación. Comprendo que te hayas puesto nerviosa; yo también lo estaba al ver que no me podía comunicar con el colegio, pero ahora ya ha pasado. Estoy aquí, con la niña que más quiero en el mundo. Ah, por cierto —añadió la madre—, tu profesora de baile me ha dicho que, como eres de las mejores, has sido elegida para la función de este año. ¡Estoy tan orgullosa de ti...!» Y, diciendo eso, la besó con dulzura.

La niña se fue calmando en brazos de la madre y se

contagió de sus vibraciones positivas. Las neuronas espejo hicieron su trabajo y, ante la sonrisa sincera de cariño de su madre, Marta acabó por dejarse querer.

Otro tipo de conflicto es el de las peleas entre hermanos. Nuestra estrategia en este caso será utilizar la indiferencia —o la calma— y enviar a los dos hermanos a pensar sobre su actitud. A la vez, reforzamos la conducta que queremos conseguir valorando su relación cuando estén jugando juntos. «Qué bien, cómo me gusta que juguéis juntos», diremos.

Fomentar un ambiente de armonía predispone a que haya menos tensión y una mejor convivencia. De esta manera, el niño va construyendo su mapa cognitivo, mediante sus propias vivencias positivas y gracias a la empatía, a la paciencia y a la búsqueda de soluciones.

El niño necesita mensajes verbales claros y positivos que le ayuden a relacionarse y a aumentar su grado de empatía con los demás. Se trata de frases que a menudo no le dirigimos directamente a él, pero que acompañan nuestra idea de él.

De esta manera, actuamos y le enseñamos con el buen ejemplo y reforzamos una actitud positiva en él.

Puede ser, sin embargo, que a veces le «colguemos» etiquetas o valoraciones sobre él que no necesita y que le hacen más mal que bien. Por ejemplo, puede suceder que estemos en casa ajena con otros niños que no conoce y «traduzcamos» la forma de ser o el comportamiento de nuestro hijo para que los demás lo entiendan.

Lo que estamos haciendo, sin embargo, es calificarlo de forma inconsciente e influenciarlo, de manera que evitamos que el niño despliegue formas de relacionarse que seguramente exploraría si no estuviésemos presentes o no hubiéramos dado nuestra opinión sobre él.

Ésa es una forma de «protegerlo» de sus errores o de sus posibles malos comportamientos, que condiciona la corriente empática natural entre niños, con lo cual le estamos poniendo barreras que le va a costar cruzar.

Por lo tanto hemos de tener cuidado con los mensajes que les damos sobre ellos. Las palabras, las etiquetas verbales sobre sus comportamientos a menudo condicionan, más de lo que pensamos, el futuro mapa cognitivo que tendrán sobre su propia imagen.

Hay que fomentar...

La empatía que transmitimos de forma verbal tiene mucha importancia en la formación del carácter. Cuando le decimos a un niño determinados adjetivos calificativos, tiende a representar el rol que le estamos asignando.

Por lo tanto, la empatía puede ayudarte a potenciar los aspectos más positivos de tu hijo.

Hay que evitar...

Avergonzarlos, tanto en privado como delante de sus hermanos y amigos. Es un comportamiento que debemos evitar por su falta de empatía con el niño y porque contribuye a desmontar su autoestima.

A veces, tanto padres como profesores intentamos controlar las conductas inapropiadas dando un «castigo ejemplar» para que los otros niños vean qué pasa cuando alguien se comporta mal. Se trata de un tipo de humillación pública, cuyo objetivo es que el niño tenga en cuenta las consecuencias negativas de su acción y se enmiende. Sin embargo, los resultados no son los esperados, sino todo lo contrario.

Lo que sienten, y de manera muy intensa, los niños sometidos a comentarios reprobatorios en público es rabia. Ésta no ayuda en absoluto a corregir comportamientos, sino que desautoriza a quien ha tratado de humillar públicamente. Aumenta también el sentimiento de injusticia del niño, que se siente incomprendido. Lo que sucede finalmente no es que el niño se corrija, sino lo contrario, que se repitan más intensamente los mismos comportamientos indeseados.

A continuación os ofrecemos la experiencia de un niño que fue humillado públicamente. Aunque su profesor tenía razón porque Alberto se había pasado, la humillación que sufrió el niño sólo consiguió que se sintiera herido y tratado injustamente. Se trata de un ejemplo contraproducente de empatía negativa, algo que no deberíamos hacer ni padres ni educadores. No obstante, los padres de Alberto supieron darle la vuelta a la situación y crear una situación de empatía positiva; ayudaron al niño a canalizar su rabia.

Alberto, que sabía que se había portado mal, en seguida se dio cuenta de que le iba a caer una buena cuando se encontró cara a cara con su profesor en el pasillo. Pero no se le ocurrió que el profe lo fuese a dejar en ridículo delante de medio colegio.

El niño salía de su clase de inglés y su abuela lo esperaba en la entrada de la escuela. El profesor, ni corto ni perezoso, aprovechó y le cantó las cuarenta a Alberto delante de la abuela y de muchos compañeros. El niño sintió cómo la rabia le hervía por dentro, su vergüenza fue mayúscula.

El profesor tenía razón; Alberto se había pasado de la raya y no tenía derecho a contestar. Tuvo que tragarse su orgullo y aguantar el chaparrón con las lágrimas asomándole por el rabillo del ojo. A sus recién estrenados diez años eso era un golpe bajo para su reputación.

Tras esa embarazosa situación, abuela y nieto emprendieron el camino a casa en un tenso silencio, que ambos sabían que no podían romper. El niño aguantó cabizbajo toda la tarde y no explotó hasta que llegó su madre del trabajo. Al encontrarse a solas con ella, dejó ir sus sentimientos de forma abrupta.

La madre ya había sido puesta en antecedentes por la abuela, que la había llamado para explicarle lo sucedido y evitar así que la cogiera por sorpresa. Tenía que pasar. Alberto, junto con todo el grupo que acudía a las clases extraescolares de inglés, estaba en plan prepotente y le había perdido el respeto al profesor. Se reían de él, cuchicheaban a sus espaldas y decían palabrotas todos a la vez para que ninguno pudiera cargárselas.

El profesor decidió que iría uno por uno, haciéndoles sentir lo mismo que le habían hecho a él. Su defensa era supuestamente legítima, pero los resultados no fueron tan buenos como él había esperado, todo lo contrario. La rabia es mala consejera y no consigue motivar al niño para que mejore su comportamiento, sino que clama venganza.

Para evitar que se repitiera la situación, los padres hablaron muy seriamente con Alberto, tratando de dar autoridad al profesor de inglés. El niño, sin embargo, intentaba convencerles de que le tenía manía y de que había sido injusto. Los padres le dijeron que ellos no podían interceder por él, puesto que su comportamiento había sido intolerable, pero que comprendían la rabia que había sentido por la situación vergonzosa que había pasado.

Los padres de Alberto intentaron canalizar su rabia de forma positiva y, por otra parte, sin que el niño lo supiera, también hablaron con el profesor para que fuera imparcial. Finalmente, la situación quedó como un hecho aislado nada más. Si los padres no hubieran contenido la rabia de Alberto, la venganza habría sido terrible, negativa para ambos, profesor y niño.

Así pues, la empatía ha de ayudarnos a conectar con los sentimientos que se producen en estas situaciones conflictivas y focalizarlos para fomentar la autoestima, no para destruirla.

Aplicación del método 1, 2, 3

1. Etapas rebeldes. La pequeña adolescencia

Hay épocas del desarrollo emocional en las que el niño tiene una gran necesidad de autoafirmación. Quiere distinguirse de su entorno siendo diferente y para ello lleva la contraria casi por sistema. Es como si pensase: «Si me dicen blanco, yo hago negro para demostrar que soy único.» Esta rebeldía coincide con dos momentos de cambio: en el primer caso, el paso de bebé a niño y, en el segundo, cuando se deja atrás la etapa infantil para convertirse en un adulto joven.

La primera etapa de rebeldía, la pequeña adolescencia (dos-cuatro años), suele cogernos bastante desprevenidos. Nadie se espera que un bebé modosito y gracioso que hasta ahora no hacía más que comer y dormir sin plantear grandes problemas, de repente muestre su genio y disconformidad ante casi todo.

La época suele coincidir con el momento de comenzar la guardería o de cambiar al colegio de mayores, y empiezan a aparecer las pataletas para no ir al cole o para no salir de él. Hay niños de esta edad que cuando vas a recogerlos se tiran al suelo porque no quieren volver a casa, y los hay que no hay manera humana de arrastrarlos hasta la puerta de la escuela.

Estas actitudes tan diferentes dependerán no de los padres, sino del carácter del pequeño. Hay niños muy dependientes y caseros a los que les cuesta salir de su entorno conocido y los hay que son pequeños aventureros, independientes, a los que les gusta explorar el mundo exterior.

Muchos padres se preguntan cómo es posible que un niño tan pequeño plantee problemas tan grandes; sin embargo es normal que los niños de esas edades nos pongan a prueba con numerosas situaciones conflictivas. Es su modo de conocerse y de poner a prueba el mundo que les rodea.

Los padres hemos de intentar estar por encima de esas rabietas y tener muy presente que nuestra conducta y actitud son su modelo; nuestros hijos nos imitan mucho más de lo que pensamos. Así que si cuando nos enfadamos les chillamos, no nos extrañe que ellos también acaben chillando cuando les neguemos algo. Somos su espejo. Si para evitar que hagan algo actuamos con excesiva contundencia hacia ellos, luego nos la devolverán con creces.

Entre su primer y segundo año de vida, los críos son unos pequeños gamberretes dispuestos a todo para sacarnos de nuestras casillas. Y, puesto que hemos de regañarles, mejor hacerlo con gracia:

- Ante todo, hay que mantener la calma;
- utilizar el sentido común; y
- echar mano de las novedosas técnicas que te proponemos, el método 1, 2, 3 para fomentar buenas conductas y la técnica del semáforo para frenar los malos comportamientos, que te explicamos en la página siguiente.

Otro truco que os proponemos es evitar utilizar las amenazas o el miedo para atajar conductas no deseadas. El miedo es una solución eficaz de forma inmediata, pero las consecuencias a largo plazo afectan a su personalidad; se vuelven niños temerosos y eso les impide desarrollarse con libertad y valentía.

A esas edades tan tempranas, los malos comportamientos están exentos de premeditación. No lo hacen con mala intención, todo es un juego para ellos; simplemente se dejan llevar por la impulsividad.

La técnica del semáforo

La asociación de los colores con las diferentes acciones facilita la comprensión de las normas por parte de los niños más pequeños.

- El niño ha de identificar el **semáforo rojo** con parar.
- Significa que su conducta no es adecuada y que no puede continuar con el juego o lo que esté haciendo en ese momento.
- Ha de salir fuera.

- El **semáforo naranja** significa pausa.
- El niño ha de pensar tres soluciones a la situación coflictiva: A, B y C.
- Cuando las haya pensado se decidirá conjuntamente cuál es la mejor.

- El **semáforo verde** quiere decir que se ha encontrado la solución correcta y que el niño tiene vía libre para ponerla en práctica.
- Luego podrá reincorporarse a los juegos o a la vida familiar.

Su sistema de comunicación se basa en lo que hacemos más que en lo que decimos. Así que nuestra regla de oro es: Menos sermones y más actuaciones inmediatas. No podemos reñirles diciéndoles: «Si haces eso, luego te quedarás sin tele», sino que hemos de apagarle la tele en el momento o quitarle aquello con lo que esté jugando en ese momento. La consecuencia negativa de su mala conducta ha de ser correlativa a ésta, para que entienda que una es consecuencia de la otra. Por eso, cuando son pequeños, les va muy bien la técnica del 1, 2, 3, junto a otras pautas que nos ayudarán a modificar sus malos comportamientos.

La conducta infantil de 0-6 años

Estímulo → Respuesta

- Para que desaparezcan las conductas inapropiadas o disfuncionales, hay que actuar con una actitud de indiferencia. Esto no significa que no veamos lo que ocurre, sino que actuamos sin establecer contacto visual ni verbal con el niño
- Para fomentar conductas positivas, hay que motivarlas en positivo
- Se cuenta 1, 2, 3. Si a la de 3 no acuden, debe haber una consecuencia negativa para el niño
- Debemos tener una lista de prioridades de conductas según la edad del niño

A esas edades los niños son muy moldeables y, dependiendo de los criterios y normas que utilicemos, así aprenderán a comportarse. Hemos de tener cuidado, pues, en no ser demasiado exigentes ni tampoco excesivamente permisivos.

Ya hemos explicado que el exceso de normas o prohibiciones puede desalentar al pequeño, que puede sentirse asfixiado con tanta pauta a seguir. Su reacción de desánimo puede hacer que evite aceptar las normas. Por el contrario, una permisividad excesiva hace que, al no conocer ningún límite, el niño se «desboque».

Llegar al equilibrio no es tarea fácil en esta primera etapa de autoafirmación. Hay que permitir que el pequeño explore el entorno, eliminando en lo posible los peligros evidentes y escondiendo los objetos que no queremos que toque. De esta manera evitaremos tener que decirle mil veces que no: «no toques», «no te subas», «no pases», «no chilles», «no abras», «no cierres», etcétera.

Es mejor anticiparse a los acontecimientos y prevenir conductas indeseables que interrumpirlas. Generalmente, da mejores resultados evitar las situaciones conflictivas y generar un ambiente poco propicio para que surjan las pataletas.

Si el niño se acostumbra a estar tranquilo, eso acaba convirtiéndose en un hábito, de la misma forma que berrear por todo puede llegar a convertirse en una ruti-

«Yo solo»

Cuando empiezan a querer hacerlo todo solos, necesitamos mucho más tiempo para cada actividad; además se manchan, rompen cosas, lo desordenan todo... pero aprenden muchísimo. Así que paciencia, y ponles el semáforo verde de vez en cuando para que demuestren sus habilidades aprendidas.

na para el niño, que aprende a reaccionar así y no sabe hacerlo de otra forma. Así entra en un círculo vicioso del que resulta difícil salir.

La adquisición de hábitos no sólo trata de las buenas costumbres, las malas también se automatizan como modelos de conducta. Por ejemplo, si el sábado por la tarde tenéis que ir al súper o a un centro comercial con vuestro hijo de unos dos años, debéis tener en cuenta que, si estáis más de dos horas, el niño puede agobiarse y tendréis todos los números para que monte un berrinche.

Es importante, llegados a este punto crítico, repartir las tareas y que uno de los miembros de la pareja se lleve al niño a merendar, al parque o a los caballitos... para que se distraiga y evitar así que se canse, tenga hambre o sueño. Otra opción es ponerlo en el cochecito y darle de comer y un paseo, mientras la pareja acaba de hacer las compras.

En el caso de que se desencadene una pataleta hay que actuar con mucha calma. Coged al niño, salid fuera del centro comercial y actuad con él de la misma forma que haríais en casa, al margen de la gente que pueda estar viendo la escena. Es fundamental evitar que el niño consiga el propósito de la pataleta, ya que si para que se calle le compramos lo que quiere o accedemos a lo que nos pide, aprenderá que para obtener lo que desea ha de montar un numerito.

La constancia y la firmeza son las principales armas para que los más pequeños aprendan cuáles son sus límites. Desde que nacen hasta los dos años y medio están experimentando, pero a partir de esa edad ya se puede empezar a imponer unos límites estrictos al comportamiento de los niños.

Errores que hay que evitar

- Si el niño pega, muerde o pellizca, no hemos de pegarle, morderle o pellizcarle para que sepa cómo duele. De esa forma lo único que aprende es a sentir rabia y su capacidad de sentir empatía hacia los demás disminuye
- Los adultos tenemos que huir de los castigos, reacciones o enfados desproporcionados. Cuando perdemos los papeles de esa manera, nuestra propia reacción desmesurada ya es una injusticia en sí misma
- No debemos buscar culpables ni tomar partido en las peleas entre hermanos. Hemos de mostrarnos en contra de las peleas e inculcarles que los hermanos no se pelean y que si lo hacen, todos salen perdiendo
- El bofetón suele ser demasiado doloroso e improductivo. Ser estricto no implica ser agresivo. Hay que evitar que la situación se descontrole hasta ese punto
- No hemos de ser demasiado permisivos. Debemos establecer unos límites claros e inamovibles

- No hemos de dar castigos ejemplares, como humillar o sermonear al niño delante de sus amigos
- Evitaremos los comentarios del tipo «Eres malo», «Eso sólo se te puede ocurrir a ti», «¡¿Qué voy a hacer contigo?!», «¡Eres un desastre!», etcétera

Cómo actuar ante una pataleta con la técnica del semáforo

1.º Enseñamos al niño el semáforo rojo que tenemos preparado para estas ocasiones y lo apartamos del lugar donde está montando el berrinche.

2.º Elegimos un sitio neutro —puede ser un sillón especial, la cuna-parque, el recibidor o el pasillo—, un lugar en el que esté recogido y tenga el semáforo en naranja, para «pensar». No puede ser ni su habitación, ni el baño, ni la trona donde come, pero sí puede ser el parque o la cuna-parque; un lugar cerrado con barrotes o tela, donde no se pueda mover ni hacer daño. Se trata de escoger un sitio donde mantenerlo apartado mientras se desahoga y luego se calma.

3.º El tiempo de espera varía en función de la edad. Os lo mostraremos en la siguiente tabla, incluidos los intervalos de tiempo recomendados para niños más mayores. Una vez transcurrido el tiempo correspondiente, nos acercamos y le decimos, mirándole a los ojos: «Ya sabemos que lo has hecho sin querer, pero debemos enseñarte a portarte bien, porque te queremos mucho y, cuando te calmes, te cogeremos. Un besote.» Esta operación se repetirá tantas veces como sea necesario, con los intervalos de tiempo reseñados en la tabla.

4.º Cuando cesa el llanto, le enseñamos el semáforo verde y le instamos a que se disculpe con nuestra ayuda. Es importante mantenerse firme y no coger al niño en brazos a la mínima. Hay que intentar aguantar hasta que su llanto disminuya considerablemente y ayudarle a pedir perdón, diciéndole por ejemplo: «Venga, cariño, no lo volverás a hacer más, ¿verdad?» Si el niño asiente con la cabeza, hemos de darlo por válido a esa edad. Cuando son más mayores, han de decirlo ellos.

En caso de pataletas muy extremas, también es recomendable el **abrazo de contención**, que consiste en abrazarlo muy fuertemente, sujetando al niño de manera que no pueda dar patadas, hasta que se calme. Hemos de mirar hacia fuera, no a él o ella, de manera que aunque le transmitimos seguridad y protección, se sienta impotente, porque no puede verter su rabia contra nosotros. Esta actitud por parte de los adultos tiene una potente acción disuasoria.

Si nos comportamos siempre en el mismo orden, con la misma calma, paciencia e indiferencia, estemos donde estemos, veremos cómo gradualmente las pataletas van desapareciendo. Y no se trata de magia; tiene una explicación.

Nuestra actitud de control, de saber lo que hay que hacer, transmite al niño mucha seguridad y le ayuda a controlarse a sí mismo. El factor más importante de este comportamiento por parte de los adultos es el de la imitación. La clave es mantener una actitud templada y evitar perder los nervios delante del niño, así el pequeño tiene una pauta de comportamiento de autocontrol y de calma a imitar.

Tabla de tiempo
Intervalos de tiempo antes de cada intervención de los padres

- 2 años → 5 minutos
- 3 años → 8 minutos
- 4 años → 10 minutos
- 6 años → 15 minutos
- 8 años → 20 minutos
- 10 años → 30 minutos
- Finalización del aislamiento cuando cese el llanto

La adolescencia (doce-dieciséis años)

La rebeldía de esta edad viene de la necesidad de reafirmar su incipiente personalidad. Rebaten cualquier opinión paterna, ponen en práctica sus recién adquiridas habilidades de razonamiento abstracto, emiten juicios y opiniones sobre temas como la muerte, la felicidad, el tipo de vida que quieren llevar...

Para demostrarnos que ya son mayores, no soportan que los tratemos como hasta ahora hemos hecho o de la misma manera que a sus hermanos pequeños. Se trata de una edad en la que nos cuestionan todos los límites establecidos hasta el momento y buscan una justificación válida para ellos.

La técnica del semáforo funciona igual o mejor a estas edades. Obviamente habremos de eliminar el semáforo —es demasiado infantil para ellos—, pero seguiremos los mismos pasos y mantendremos la misma actitud.

Cuando un chico o chica de esta edad sale vestido de forma inadecuada de su habitación y quieres hacer que se cambie, lo que nunca hemos de hacer es iniciar una discusión, increparle o cuestionarle sobre si ésas son formas de salir a la calle, porque en dialéctica seguro que nos gana.

Sin embargo, si le damos la norma casi sin mirarlo ni levantar la voz y sin darle opción a réplica, observaremos con gran sorpresa como da media vuelta y se cambia. Lo importante no es lo que decimos, sino cómo lo decimos.

Nuestras palabras han de estar exentas de juicios o prejuicios; no hemos de hacer comentarios negativos sobre su gusto o lo que está de moda entre los chicos y chicas de su edad. Evitaremos hacer comentarios del tipo «Desde luego no tienes ni idea de combinar la ropa» o «¡Vaya pinta que llevas!». Diremos, en cambio, frases de este estilo: «Para salir de casa, has de cambiarte. Si no, no sales.» Y lo haremos levantando ligeramente la vista y con un tono de voz contundente, que destile firmeza. Luego salimos de escena para dejarle con la palabra en la boca, evitando cualquier tipo de enfrentamiento.

Test de sociabilidad

Los adolescentes suelen desconcertarnos con sus actitudes y comportamientos: parece que estén la mayor parte del tiempo enfadados, nos retan, pueden ser muy susceptibles, se comportan con soberbia, como si lo supieran todo de la vida, y muchas veces echan su rabia contra nosotros. Finalmente no sabemos si sólo nos quiere fastidiar o si se trata realmente de una persona asocial. ¿Qué hay de verdad en todo ello? ¿Cómo es nuestro hijo realmente?, ¿se maneja bien en las relaciones sociales?, ¿sabe hacer amigos? Averigua su grado de sociabilidad con el siguiente test.

Ponle nota (0: nunca / 1: de vez en cuando / 2: muchas veces / 3: siempre)

Relaciones familiares

- Se lo pasa bomba con sus primos y hermanos en las reuniones familiares.
- Es extrovertido y habla por los codos.
- Hace el payaso y es la sal de todas las salsas.
- Es intenso en sus emociones: o llora desconsoladamente o está exultante de alegría.

- Siempre sabe encontrar soluciones en los conflictos familiares.
- Es líder y convence a los demás de sus opiniones, iniciativas, etcétera.

En el cole

- Todo el mundo en el colegio lo conoce, desde los profesores a los niños de otras clases.
- Dice que toda la clase es amiga suya.
- Sólo tiene un grupo reducido de amigos y siempre juega con los mismos.
- Le invitan a todas las fiestas de cumpleaños.
- Cuando entra en la escuela, todos los niños corren a su encuentro.
- Se presenta voluntario para las funciones de fin de curso o Navidad, como protagonista o presentador.

Sueño

- Duerme sin problemas y se va contento a la cama.
- Es muy regular con sus horarios y es dormilón.
- Duerme a pierna suelta.
- Explica sus pesadillas y sueños con pelos y señales.
- Se va sin problemas a dormir a casa de sus amiguitos.

- Le encanta irse de campamentos y dormir fuera de casa.

Actividades extraescolares

- Tiene su grupo de amigos fuera de la escuela.
- Tiene diferentes aficiones, tanto deportivas como artísticas.
- Siempre se lo pasa bien y disfruta con lo que hace.
- Le atrae probar cosas nuevas.

Aspecto físico

- Se preocupa por gustar a los demás.
- No le importa vestirse como le dices.
- Cede con facilidad, pero tiene sus propios gustos.
- Es original y llama la atención por su expresión y desparpajo al hablar.

RESULTADOS

De 64 a 84 puntos: es una persona sociable

Es un niño con facilidad para hacer amigos y que se integra sin dificultades.

Es muy sociable y a veces impulsivo.

No tendréis problemas con él; es una persona fácil de manejar y que se adapta a todas las circunstancias. Quizá tendréis que frenarlo en alguna ocasión para que no se meta en un lío o indiscreción, o que no se vaya con el primero que pasa.

No suele ver problemas en ningún lugar; nada le asusta.

De 53 a 63 puntos: es extrovertido

Tiene tendencia natural a explicar sus sentimientos sin cortapisas.

De 40 a 54 puntos: es una persona tímida

Tiene pocos amigos y los mantiene.

Se esconde detrás de las faldas de mamá, pero si se le empuja un poquito sale sin problemas de su caparazón.

De 28 a 39 puntos: es introvertido

No hay manera de saber qué le pasa por la cabeza, no explica sus sentimientos fácilmente.

Le cuesta hacer amistades y se mantiene a cierta distancia observando. Necesita tiempo y paciencia, pero poco a poco lo consigue.

Menos de 27 puntos: es muy reservado

Se trata de un niño con dificultades para relacionarse, al que hay que ayudar para que pueda socializarse de forma adecuada.

Nuestro consejo es que no hay que forzarle. Tenemos que darle tiempo y opciones con grupos de niños reducidos (dos o tres niños) para que se acostumbre poco a poco a interactuar. Es mejor que primero los invitemos a casa.

Otras causas del mal comportamiento. Los celos (para pequeños y adolescentes)

Suelen aparecer cuando el niño se siente como si fuese un príncipe destronado. En el fondo, los celos son una máscara para ocultar los temores sobre la propia identidad. Son los fantasmas que amenazan la seguridad del niño y limitan el desarrollo y fortalecimiento de su autoestima.

Su primera aparición suele coincidir con el nacimiento del primer hermanito. Con esa primera experiencia, el niño descubre las nuevas emociones y sentimientos que traen los celos. Y supone, además, una de las más serias amenazas para la formación de una autoestima positiva.

La mayoría de los que estáis leyendo estas páginas pensaréis que ahora os voy a hablar de los niños pequeños y los celos entre hermanos en edades tempranas.

Pero no lo voy a hacer. Si pensáis que los celos se reducen a esta época, voy a intentar mostraros que no es así.

Los celos y envidias son sentimientos que nos acompañan a lo largo de nuestra vida y que intentan esconder sentimientos de frustración o de inseguridad, minando en la línea de flotación la autoestima. Los celos no se reducen al ámbito infantil. Se pueden tener celos de un compañero de escuela o de trabajo. Pueden reprimirse y ocultarse tras falsas fachadas..., y pueden acompañarnos a lo largo de nuestra existencia si no hacemos nada para superarlos. Ignorarlos no consigue que los evitemos. Pero sí se pueden enfrentar de manera racional, comprenderlos y superarlos.

Cuando hablamos, en nuestro caso, de niños o adolescentes que ocultan sus verdaderos sentimientos tras la máscara de los celos y no son capaces de exteriorizarlos, el problema se agrava.

Los celos son sentimientos negativos de envidia hacia lo que otro posee, tanto en cuestiones materiales como en cuestiones afectivas. Lo que en el fondo esconden es una profunda falta de autoestima y una gran inseguridad en las propias posibilidades.

Normalmente, los hermanos se pelean tanto por un juguete como por si su madre nos les hace caso o se lo hace más a uno que a otro. Pero podemos trasladar esa punzada física o emoción a cualquier otra persona.

Para defenderse del dolor que producen los celos, una de las opciones más frecuentes consiste en adoptar una postura de «todo va bien», negando y ocultando los verdaderos sentimientos. Fingir que todo aquello por lo que se suspira forma parte de la personalidad.

Para Carl Rogers,* de acuerdo con la teoría de Abraham Maslow, las emociones negativas, como los celos o la envidia, no son más que consecuencias secundarias de la frustración de necesidades tan vitales como la seguridad, la aceptación y el afecto.

Un caso típico de esta situación es el de Marta, una adolescente. Sus padres parecían valorarla y tenerla en cuenta cuando ella se mostraba dócil, educada, buena niña. Mientras Marta interpretaba ese papel, todo parecía funcionar a la perfección. Ella ocultaba o evitaba exteriorizar sus emociones. Sus enfados, celos, frustraciones y la ansiedad que todo eso le producía eran reprimidos. Sabía que ese tipo de sentimientos eran inaceptables para sus padres.

Marta se dedicaba a mantener intacta su imagen de buena chica simplemente para conseguir que los demás la valoraran positivamente. Así, poco a poco, se fue con-

* Doctorado en psicología por la Universidad de Columbia, Estados Unidos, Carl Rogers es contemporáneo de Maslow y creador de la terapia centrada en el paciente.

virtiendo en una persona sumisa y muy dependiente. Su autoestima estaba por los suelos, porque se consideraba una farsante.

Se sentía tremendamente desdichada porque sabía que en el fondo no era tan buena, ni tan fantástica. Temía el momento en que la descubrieran porque pensaba que entonces ya nadie la querría.

Todas sus energías se dirigían a parecer lo que pensaba que debía ser. Pero su verdadera personalidad estaba atrapada en ese inútil juego. La inseguridad sobre su propia valía le producía unos celos infundados hacia sus amigas.

Consejos para superar los celos de tu hijo

- Huye de las comparaciones
- Resalta sus características positivas
- Si los siente, ayúdale a afrontarlos siendo sincero consigo mismo
- No lo ignores; está buscando seguridad en su entorno
- Si se siente a gusto en su piel, no necesitará repetir los esquemas de los demás

También hay «príncipes destronados» adolescentes y adultos. Llegados a este punto hemos de puntualizar un hecho que a menudo nos confunde. La mayor parte de los padres relatan que en la situación real del niño no existen motivos para que se sienta celoso.

Ésta es una de las cuestiones más relevantes de la mayoría de aspectos relacionados con el mundo afectivo. La realidad que cuenta, en este caso para el niño o adolescente, es la suya. Esa realidad subjetiva puede no coincidir con la objetiva, pero eso no importa. Los sentimientos son siempre reales para la persona que los sufre o los siente.

En este caso, los celos son un sentimiento fuerte que te puede atrapar en sus redes si no los controlas. A los niños suele costarles mucho el autocontrol. La desventaja que el niño siente respecto a alguien o algo puede significar muchas cosas, pero está claro que es posible que esa «desventaja» sólo la vea él. Puede sentirse amenazado, excluido, tener miedo de compartir sus afectos o sentirse inferior sin serlo. Pero los efectos actúan como si así fuera.

Es importante que sepamos que la primera aparición de este sentimiento contradictorio es crucial; sienta precedentes. Puede suceder con la llegada de un nuevo hermano. El niño ha sido hasta entonces el rey de la casa y de repente todo se revoluciona con la llegada de un nuevo hermanito.

Esta situación, sin embargo, no afecta a todos los niños por igual, sino que depende de las familias. Hay niños a quienes no les ha dado tiempo de cumplir el primer año y ya se encuentran con un intruso en su habitación, otros por el contrario se llevan ocho o diez años con su hermano.

Muchas veces los adultos nos cuestionamos qué es lo mejor, cuándo tener otro hijo o cuántos años deben llevarse los hermanos. La verdad es que no hay respuesta para eso, porque los celos suelen aparecer cuando menos lo esperamos. El niño más seguro del mundo puede sentirlos sin motivo aparente; lo que está en juego generalmente es la autoestima.

Cuando los celos afloran hay que evitar buscar culpables. Son emociones muy contradictorias, que confunden tanto al que las padece como al que las sufre. Producen sentimientos ambivalentes, que suelen ir del amor al odio con mucha facilidad. Lo mejor es no dejarse llevar y asumir el control de la situación.

Los hay de muchos tipos; se pueden sentir hacia el hermanito pequeño, pero también hacia el mayor. A veces los provoca su mejor amigo y otros la novia de papá o el marido de mamá. O quizá se producen por la inseguridad debida a un cambio de casa, de colegio, de profesora o de canguro. Los celos se ocultan tras múltiples máscaras.

Cuando se avecinan cambios en la dinámica familiar, los implicados, ya sean niños o adolescentes, sienten cierto temor a lo desconocido, se resienten, se sienten intranquilos. De forma inconsciente se preguntan: «¿Qué va a pasar de ahora en adelante?», «¿Cómo me afectará?» Se trata de sentimientos inconscientes, que no se ven, pero que están ahí. Éstos son los más comunes:

- **Temor o incertidumbre.** Todos los cambios o situaciones que cogen a los niños de improviso afectan a su estabilidad. Se ponen nerviosos y sus comportamientos empiezan a variar de manera casi imperceptible.
- **Inseguridad general.** No saben qué va a pasar y no se sienten protegidos.
- **Falta de comprensión.** Sienten que no se les escucha, que su opinión no cuenta.
- **No tienen tiempo para adaptarse.** El tiempo ayuda a aposentar las cosas; la prisa no suele ser buena consejera. Los hijos necesitan asimilar las cosas poco a poco y poder hacer preguntas sobre lo que les preocupa.
- **Falta de confianza en sí mismos.** Sienten que todo es secreto: «No cuentan conmigo porque no valgo lo suficiente», «No merezco la pena.»
- **Tienen una mayor necesidad de afecto.** «¡Necesito más atención!», parece que piensen en los momentos de cambio. A veces no es que no les queramos, es que ellos siempre quieren más, más abrazos, más cari-

ños, más elogios... Nunca es suficiente, y menos en momentos delicados.

- **Poseen sentimiento de culpa.** En tiempos de incertidumbre, los niños suelen pensar: «Por mi culpa siempre se enfadan», «Seguro que está pasando esto porque están hartos de mí».
- **Se sienten excluidos.** «No han contado conmigo para tomar esta decisión que incumbe a toda la familia.» La necesidad de sentirse implicados es básica para los vínculos afectivos.

Los motivos invisibles ocasionan signos visibles en su comportamiento. Son señales de alarma. El niño o la niña está muy ilusionado con los nuevos cambios, pero...

- **Intenta llamar la atención.** Se le ocurren cosas rocambolescas en los momentos menos oportunos, para que te fijes en él o en ella y dejes de hacer caso al bebé, al novio o al amigo fantástico.
- **Sus cambios de humor te desconciertan.** Los besos pueden dar lugar a los tirones de pelo, y tan pronto está contento y emocionado como disgustado y rabioso. Es positivo que exteriorice sus sentimientos, pero requiere una gran dosis de paciencia.
- **Entra en un proceso de regresión.** Se vuelve

«pequeño», experimenta un retroceso en sus hábitos, en sus juegos o en el lenguaje. Es una actitud del niño que sorprende y extraña a sus padres.

- **De repente está tímido y triste.** Se siente desubicado, porque todo el mundo está muy ocupado con las novedades. La adaptación a una nueva dinámica familiar puede producir un cierto temor a perder privilegios y atenciones personales. Aparecen los reproches del tipo «Ya no tienes tiempo para mí», «Siempre soy el último para ti».

Ante estas señales de alarma, nuestra actitud de respuesta como padres y adultos debe ser...

- **Actuar rápidamente, formando un equipo sólido.** Los dos, padres y madre, después de observar los síntomas del niño o la niña, debemos llegar a un pacto respecto a la forma de tratarlo. Si cada uno se comporta de forma independiente o contraria, lo que conseguiremos será que el niño se desoriente más y que el problema se agrave.
- **Reaccionar con un actitud de normalidad.** Los celos forman parte de las frustraciones naturales que conllevan el proceso de crecimiento. Hay que identificarlas y comprender al niño. No tenemos que recriminarlo ni corregir sus comportamientos, ya que de

esa manera sólo conseguiremos reforzar su nueva conducta. En estos casos la indiferencia es nuestra mejor aliada.

- **Ser capaces de darle la vuelta a la situación y reírnos de las actuales peripecias familiares.** Las bromas aumentan la complicidad y quitan hierro al asunto. Si tratáis con humor la situación que está generando el conflicto y produce los celos, todos sentiréis alivio al comprobar que no es tan grave como parecía.
- **Mostrarle cuál es su lugar ahora y sus actuales privilegios.** Ayudadlo a reubicarse tras los cambios. Enseñadle qué lugar ocupa, cuál es su posición en la actual estructura familiar. Dejadle claro qué papel juega y qué esperamos de él. Mostradle que, aunque ahora pase a ser el mayor o el pequeño, siempre es y será un miembro muy importante para la familia.

Test de sensibilidad

Los celos nos desvelan una personalidad insegura, con un exceso de sensibilidad. A continuación os proponemos un pequeño test para averiguar cómo es de sensible vuestro hijo o hija.

Puede ser un niño bastante sensible, de lágrima siempre a punto, a quien le resulta muy fácil ponerse en el lugar del otro. A veces le llaman «llorón», no soporta las riñas y cede en seguida con tal de evitar un conflicto. No le gustan las películas como *Buscando a Nemo* o llora viendo los dibujos animados. No es competitivo y prefiere no jugar a fútbol u otros deportes de contacto. Por el contrario, se siente en su salsa realizando actividades artísticas, como la música o el baile. ¿Se trata de una personita muy sensible?

Ponle nota (0: nunca / 1: de vez en cuando / 2: muchas veces / 3: siempre)

Relaciones familiares

- Su frase favorita es «te quiero mucho» o pregunta habitualmente «¿me quieres?».
- Es muy cariñoso.
- Su actitud es abierta y es fácil llegar a acuerdos con él o ella.
- Se adapta fácilmente a la opinión de la mayoría.
- Se conmueve fácilmente con las noticias de desgracias y en seguida pregunta si podemos ayudar.
- No le gustan las películas de miedo; lo pasa mal.
- Busca siempre el contacto visual.
- Le encanta colaborar y ayudar en casa.

En el cole

- En el colegio siempre está dispuesto a asumir responsabilidades.
- Sus amigos «se aprovechan» a menudo de él o ella.
- Siempre se pone de parte de los más débiles.
- Es defensor a ultranza de las injusticias.
- No le importa ser el primero o el último.
- Pregunta el porqué de casi todo.
- Su actitud es muy colaboradora y se adapta a lo que hacen sus amigos.

Sueño

- Le gusta leer cuentos o que se los leáis. Tiene mucha imaginación.
- Prefiere dormir con alguna luz encendida.
- Se duerme sin problemas.
- Es tranquilo y tiene un sueño bastante regular.
- Se va a la cama con varios muñecos y le encanta dormir con sus hermanos, primos o amigos.

Alimentación

- Le encanta comer todos juntos.
- En seguida se da cuenta de si alguien está triste y no come.
- Su repertorio de comidas es amplio, le gusta probar comidas diferentes.

- Le gusta probar cosas nuevas.
- Todo le va bien y suele ayudar a recoger la mesa o a preparar la comida sin que se lo pidamos.
- Se ofrece voluntario/a para ir a comprar el pan.
- Cuando está triste se le encoge el estómago y no puede probar bocado apenas.
- ¿Se niega a comer si os habéis enfadado?

Actividades extraescolares

- Sus actividades preferidas son las artísticas: manualidades, pintura, música, teatro, baile...
- Se emociona con facilidad y vive intensamente sus actividades.
- Pone toda la carne en el asador y se las toma muy en serio.
- Es original, divertido y en esas ocasiones vence su timidez sin problemas.

Aspecto físico

- No le interesa nada la ropa.
- Suele disfrazarse, pero de forma original y con mucho sentido estético.
- Sus ojos transmiten muy intensamente sus sentimientos.
- Utiliza su físico y la ropa para expresar sus emociones. Si está triste, se viste de colores oscuros; si está alegre, lo hace con colores vivos.

RESULTADOS

De 64 a 84 puntos: es un niño muy sensible

Tenemos un hijo con una sensibilidad extrema. Si lo llevamos bien, le podemos sacar mucho partido, pero hay que empezar a ponerle límites poco a poco. Al principio lo haremos respecto a las situaciones más básicas, pero ha de ser consciente de que hay momentos y lugares en los que no puede dar rienda suelta a sus sentimientos. Hay que evitar, en el caso de que sea niño, pensar que es «raro» porque no es competitivo y no le gustan los deportes como al resto de sus compañeros. Aceptarlo y comprenderlo es la clave del éxito.

De 54 a 63 puntos: es una persona cariñosa y sentida

Es como un osito de peluche, mimoso, cariñoso, a veces un poco llorón, que necesita mucha atención. Le gusta ser el centro y a veces se enfada si no se le deja hablar, todo se lo toma muy a pecho y se ofende con facilidad. No hay que forzarlo, pero sí motivarlo para que tome un poco de distancia con las cosas que le pasan.

De 40 a 55 puntos: es algo tierno, pero también un poco competitivo

Ésta es la situación más frecuente: los niños cuanto más

pequeños más sensibles son, pero a la vez les gusta ganar y les cuesta perder. Con buenas pautas y unos límites claros, no tendremos problemas.

De 28 a 39 puntos: la mezcla ideal

Con esta puntuación podemos estar tranquilos, todo va bien, no hay de qué preocuparse. Seguiremos por el mismo camino y ¡prueba superada!

Menos de 27 puntos: es una persona muy competitiva

Si su puntuación es menor de estos puntos, significa que nuestro hijo no es nada sensible, todo lo contrario; se trata de una personita un poco más egoísta de lo normal y muy competitiva. Le cuesta emocionarse y no le gustan nada los mimos, los suele rechazar. Sin embargo, no hay que ceder, démosle ¡abrazos a granel!

La autoestima

Este concepto a menudo se presta a confusiones. Para que un niño tenga una autoestima alta no es necesario mimarlo en exceso ni convertirlo en un niño consentido. Este es un factor de riesgo que no hace sino aumentar las posibilidades de que el niño tenga un comportamiento provocativo y desafiante, y cueste que entre en razón.

Os preguntaréis entonces cómo podéis reconocer si lo estáis haciendo bien, cómo distinguir si vuestro hijo o hija está adquiriendo una buena autoestima o no. En este apartado os vamos a ayudar a solucionarlo. Para ello vamos a ver cuáles son las características de los niños con una autoestima positiva y cuáles representan a los que tienen una autoestima negativa. Veremos también cómo podemos fortalecer su autoestima y cómo tener cuidado para no debilitarla.

Los niños con autoestima positiva...

— hacen amigos fácilmente;
— muestran entusiasmo por las nuevas actividades;
— son cooperativos y siguen las reglas si son justas;
— pueden jugar solos o con otros;
— les gusta ser creativos y tienen sus propias ideas;
— demuestran estar contentos, llenos de energía y hablan con otros niños sin mayor esfuerzo.

Los niños con autoestima negativa suelen decir...

— «No puedo hacer nada bien»;
— «No puedo hacer las cosas tan bien como los otros»;
— «No quiero intentarlo. Sé que no me va a ir bien»;
— «Sé que no lo puedo hacer»;
— «Sé que no voy a tener éxito»;
— «No tengo una buena opinión de mí mismo»;
— «Quisiera ser otra persona».

Estrategias para fortalecer la autoestima

- Alaba los éxitos del niño, aunque sea muy pequeño.
- Elógialo cuando se esfuerza en hacerlo bien.
- Demuestra cariño de una forma sincera. Hazle saber que le quieres.

- Es mejor decirle qué cosas debe hacer que las que no debe hacer. Eso lo prepara para hacer las actividades que tú propongas.
- Es mejor decir «Chuta la pelota con cuidado cuando estés en casa» que «¡Deja la pelota!».
- Es mejor decir «Juega con el gatito con más cuidado» que «No toques al gatito».
- Déjale saber que los errores son una parte natural del crecimiento. Todos, incluidos los adultos, cometemos errores.
- Intenta ignorarlo cuando tenga rabietas o se comporte mal.
- Agradécele cada vez que coopera contigo, cuando te ayude, cuando se exprese con buenas maneras, cuando obedezca y reaccione de forma positiva...
- Acuérdate de que se necesita tiempo y práctica para aprender nuevas destrezas. Los niños no aprenden todas las cosas nuevas a la vez.
- Responde con cariño cuando tu hijo se porte bien o actúe adecuadamente. Cuéntale qué fue lo que te gustó de su comportamiento.
- Aprende a diferenciar entre un mal comportamiento y lo que es la personalidad del niño. Di por ejemplo: «No me gusta cuando tiras los juguetes, pero te quiero mucho y sé que lo harás mejor

mañana», en vez de: «¡Eres un desastre! ¡Mira cómo tienes la habitación!» Déjale saber que crees en él.

Actitudes que pueden debilitar la autoestima del niño

- Tienes demasiadas o muy pocas expectativas hacia él o ella.
- Le gritas o criticas demasiado, especialmente delante de otras personas, ya sean sus hermanos, abuelos o amigos. Eso lo puede vivir como una humillación pública que no te perdonará jamás.
- Criticas a tu hijo más de lo que lo elogias o agradeces.
- Le llamas «tonto», «estúpido», «vago» o «descuidado».
- Cuando comete errores le dices que ha fracasado.
- Lo sobreproteges excesivamente o le das demasiada libertad. Ambos extremos son peligrosos.

No olvides que...

- El comprenderte y aceptarte a ti mismo te sirve para comprender y aceptar a los demás
- La manera como tratemos a los niños y lo que les digamos puede fortalecer o debilitar su autoestima
- Los padres son las personas más importantes en la vida

de los niños; cumplimos una tarea importante creando en ellos el sentido de la autoestima
- Los niños con autoestima muy baja son los que más necesitan tu ayuda y atención

Test de sobreprotección

La duda sobre si consentimos en exceso a nuestro hijo nos asalta constantemente debido a que tenemos conciencia de que la sobreprotección afecta negativamente a su desarrollo psicosocial. Averigua con este test si estáis mimando demasiado al niño.

Ponle nota (0: nunca / 1: de vez en cuando / 2: muchas veces / 3: siempre)

Relaciones familiares

- Su frase favorita es «Quiero esto».
- Es muy hábil con el chantaje emocional y siempre consigue lo que quiere.
- Su actitud es prepotente.
- Acapara el mando de la tele.
- En casa siempre se sale con la suya.
- Exige que siempre haya alguien con él.
- Es muy tozudo.

- Es el rey y le sienta muy mal que mires o alabes a otros niños.

En el cole

- Se comporta de diferente manera en el colegio que en casa.
- Sus amigos siempre le piden prestado.
- No sabe afrontar solo sus conflictos .
- Se esconde detrás de los profesores en cualquier circunstancia.
- Miente y se excusa ante sus faltas de responsabilidad.
- Su actitud es muy dependiente; hace lo que hacen sus amigos.

Sueño

- Duerme con la luz encendida.
- Se duerme en el sofá delante de la tele.
- No tiene horarios y es muy irregular.
- Duerme con varios muñecos. No se los puede olvidar cuando pasáis la noche fuera, porque entonces no dormirá y montará una pataleta de órdago.

Alimentación

- Su repertorio de comidas es muy limitado.
- No le gusta probar cosas nuevas.
- Es muy exigente con la comida. Se queja si está dura, blanda, cruda, muy hecha... Siempre tiene que estar a su gusto.
- Si esta enfadado se niega a comer.
- Es muy caprichoso con las comidas.

Actividades extraescolares

- Se cansa fácilmente y quiere abandonar a mitad de curso.
- No tiene claro lo que le gusta y elige en función de lo que hagan sus amigos.
- Pone excusas para no ir a clases si le suponen mucho esfuerzo o ha de practicar bastante.

Aspecto físico

- Es muy presumido.
- Siempre ha de ir vestido como él quiere.
- No cede fácilmente.
- Puede ir en pleno verano con jersey o en invierno con camiseta de manga corta.

RESULTADOS

De 64 a 84 puntos: es un niño mimado

Tenéis un problema. Si sigue así, puede llegar a convertirse en un niño insoportable. Hay que empezar a ponerle límites poco a poco. Al principio debéis hacerlo con las cosas más básicas, pero un cambio de rumbo es imprescindible. El «no» es muy educativo. Habéis de pensar que llegará un momento en que no le podréis contentar en todo; hay cosas que no se pueden comprar (los amigos, los aprobados, las novias...) y si no las consigue, entonces su nivel de frustración será tan elevado que puede llegar a padecer una depresión.

De 53 a 63 puntos: es caprichoso

En estos casos suele esconderse un alto grado de culpabilidad por parte de los padres por no estar suficiente tiempo con los hijos. Ese sentimiento de culpabilidad a veces se suple colmándolos de todos los caprichos. Hay que pensar que es mejor pasar poco tiempo con ellos, pero de buena calidad.

De 40 a 54 puntos: es un poco caprichoso, pero fácilmente dominable

Ésta es la situación más frecuente. Los niños, cuanto

más pequeños son más caprichosos, pero, proporcionándoles buenas pautas y límites claros, no tendréis problemas.

De 28 a 39 puntos: no hay de qué preocuparse
Esta puntuación significa que todo va bien, no hay por qué preocuparse. Podéis estar tranquilos siguiendo este camino.

Menos de 27 puntos: es una persona solidaria; se apuntará a una ONG
Si su puntuación es menor de 27 puntos significa que vuestro hijo no es nada caprichoso y mucho menos mimado, todo lo contrario. Vuestro hijo es un niño solidario y generoso que siempre piensa en los demás primero. ¡Felicidades!

Nuestros mensajes son el espejo donde se mira el niño

La autoestima se construye en función de los mensajes que recibimos del exterior. Si siempre somos el «malo» de la película, acabaremos creyendo que lo somos y desempeñaremos ese papel. Así, si un niño se siente inseguro y poco valorado, se portará mal para llamar la atención.

Debemos desterrar, por lo tanto, la costumbre de etiquetar negativamente a los niños según su comportamiento. Como hemos dicho anteriormente, no es lo mismo el niño y su personalidad que su comportamiento. Hemos de hacer esa distinción cuando le riñamos. Así que evitaremos hacerle comentarios del tipo «No seas malo», «Hay que ver qué malo eres...», «Te portas muy mal»... Los niños no son buenos ni malos, sino que unos se equivocan y otros aprenden más rápidamente.

Las clasificaciones negativas hacen un daño muy profundo. El niño está construyendo la imagen de sí mismo, y cómo lo ven los adultos es el espejo en el que se ve reflejado. Si los demás le adjudican el papel o rol de «malo», el niño se verá obligado a actuar en consecuencia. Las etiquetas condicionan de forma involuntaria e inconsciente la conducta del niño.

Una de las claves educativas más importantes para construir una buena autoestima consiste en evitar los juicios de valor sobre la conducta de los niños. No es importante qué hacen; sino por qué lo hacen, cuál es el motivo que los impulsa.

No es lo mismo un niño que se porta mal porque no sabe cómo hacerlo bien, que uno que busca llamar la atención.

Si evitamos la improvisación y sabemos lo que hacemos y por qué lo hacemos, nuestro hijo se sentirá seguro y su autoestima ganará puntos. Como hemos dicho anteriormente, no debemos avergonzar a nuestro hijo aplicándole un castigo ejemplar.

El niño difícil

Existen unas características de temperamento que distinguen una personalidad difícil. Se detectan porque son niños que suelen tener comportamientos que resultan incomprensibles a los padres. Por ejemplo, riñen con frecuencia a su hijo, pero no obtienen resultados positivos.

Las relaciones familiares se ven afectadas, incluso los padres se sienten inadecuados para educar bien al niño y aparecen sentimientos de culpabilidad. Lo que ocurre, sin embargo, es que tienen un niño difícil.

Este tipo de temperamento, por otra parte, se encuentra dentro de la normalidad y no constituye ninguna patología. Simplemente se trata de niños a los que cuesta un poco más educar.

A simple vista se trata de niños tozudos y obstinados, que difícilmente dan su brazo a torcer. Siempre dicen «No», aunque sólo sea para provocar. Se bloquean con mucha facilidad. Les cuestan los cambios y lo suyo es la rutina estricta; por ejemplo, siempre quieren dormir con el mismo pijama o siguiendo el mismo ritual. Si queremos improvisar o que cambien de hábitos, se enfadan.

Suelen tener también un umbral sensorial por encima de lo normal; se trata de niños hipersensibles táctiles, acústicos, visuales. Son los niños del «Rasca, mamá». Todo les molesta; los ruidos les parecen excesivos, la luz les molesta, todo les pica...

Para saber cómo es de difícil tu hijo consulta el test de la página siguiente.

El estilo de comportamiento de un niño se define por su temperamento innato. Fue estudiado por primera vez en la Universidad de Nueva York, por A. Thomas, S. Chees y H. Birch en su revolucionario New York Longitudinal Study.

Este proyecto iniciado en los años sesenta, y que todavía hoy sigue en curso, estudia el comportamiento de 115 personas desde la infancia hasta la edad adulta. Su objetivo es identificar las características individuales del carácter de cada niño y seguirlas durante su desarrollo e interacción con el ambiente.

Las conclusiones de este estudio son que los niños

empiezan a definir su carácter alrededor de los dieciocho meses y que a los tres años ya se expresan muy claramente las diferencias individuales.

El New York Longitudinal Study definía nueve rasgos de carácter. Actualmente, el psiquiatra Stanley Turecki, del Behavior Center, los ha modificado y añadido una décima característica. La mayoría de pediatras, psicólogos y profesionales dedicados a la infancia están familiarizados con estos estudios sobre carácter infantil.

Test del niño difícil

A continuación os mostramos los diez rasgos del temperamento del niño difícil según el doctor Stanley Turecki.* A partir de estas diez características podéis hacer un test para descubrir si vuestro hijo es una persona realmente difícil o no.

Ponle nota (0: no se presenta nunca o casi nunca / 1: de vez en cuando / 2: muchas veces / 3: casi siempre o siempre)

* Datos extraídos del libro *El niño difícil,* Stanley Turecki, Ediciones Medici, Barcelona, 2003.

1. **Nivel de actividad.** Es muy activo, infatigable, inquieto, siempre está tocando algo. Se cansa con facilidad, todo lo hace de prisa. Se sobreexcita, enfada o pierde el control fácilmente. Puede ser agresivo con los demás o con él mismo. No le gusta verse encerrado, le cuesta estar sentado o jugar tranquilamente.
2. **Impulsividad.** Actúa sin pensar, se enfada con facilidad, se frustra fácilmente, es impaciente, excitable, suele interrumpir. Su actitud es desafiante, no espera su turno, agarra o empuja. Tanto puede perder el control y volverse agresivo, como desconectar de repente.
3. **Nivel de distracción.** Tiene problemas a la hora de concentrarse y prestar atención, sobre todo si el tema no le interesa mucho. No sabe escuchar, se desconecta de lo que se le dice, sueña despierto durante el día, se olvida de las órdenes y es desorganizado.
4. **Intensidad elevada.** Sus emociones no son templadas; si llora lo hace desconsoladamente y si se ríe también. Todo en él es intenso: la voz, los abrazos, los enfados. Es avasallador.
5. **Irregularidad.** Sus ritmos corporales son impredecibles. No puede saberse cuándo tendrá hambre o estará cansado. Suele tener conflictos con la comida y a la hora de irse a dormir. Se despierta por la noche varias veces, no descansa bien. También presenta hábitos irregulares respecto al control de esfínteres.

6. **Persistencia negativa.** Es muy tozudo e insistente. Cuando quiere algo es capaz de gemir, insistir, suplicar o llorar hasta desgañitarse. Nunca da su brazo a torcer. Agota a sus padres, profesores y cuidadores. Suele quedar atrapado en las situaciones conflictivas y no sabe salir de ellas. Sus rabietas son muy largas.
7. **Nivel de sensibilidad física.** Percibe con mucha intensidad los colores, la luz, las texturas, el sonido, el gusto o la temperatura. Es una persona creativa, pero con preferencias muy fuertes y poco corrientes que pueden ser motivo de discusión. La ropa tiene que tener un tacto y colorido determinado, lo que dificulta el tema de vestirse y desvestirse. También tiene problemas con determinados alimentos, puede no gustarle su forma, olor o sabor. Siente demasiado frío o calor cuando nadie más lo nota.
8. **Resistencia inicial.** Es tímido y reservado con personas desconocidas, adultos o niños; tampoco le gustan las situaciones nuevas ni los ambientes desconocidos. En esos casos se mantiene en un segundo plano o protesta llorando y aferrándose a la madre. Si se le obliga a enfrentarse, puede montar una pataleta.
9. **Adaptación.** Tiene problemas con la transición y con el cambio de actividades o rutinas. Es inflexible, se da cuenta de los cambios más mínimos; se acostumbra a las cosas y luego se niega a desprenderse de

ellas. Puede querer siempre la misma ropa y la misma comida; es un niño de hábitos fijos, que tarda bastante en adaptarse a los cambios o improvisaciones, incluso tras la reacción inicial.

10. **Humor.** Su estado de ánimo suele ser negativo, serio o malhumorado; parece que siempre se levante con el pie izquierdo. No expresa su placer o satisfacción de forma abierta, no es un niño vital.

RESULTADOS

Menos de 7 puntos: se trata básicamente de un niño fácil con algún rasgo de dificultad.

Entre 4 y 7 puntos: presenta algunos rasgos complicados.

De 8 a 14 puntos: es un niño difícil.

Más de 15 puntos: es un niño muy difícil.

El New York Longitudinal Study (NYS) identificó un 15 por ciento de niños difíciles en la población estudiada que presentan problemas de educación antes de los 6 años. Si contamos todos, añadiendo los que sólo tienen algún rasgo, el porcentaje se eleva considerablemente en un 25 por ciento.

Con este tipo de niños, que son perfectamente normales, hay que actuar según la técnica de las acciones planificadas que explicamos en la página 131. Las técnicas básicas del semáforo o el aislamiento no se pueden aplicar, ya que el resultado sería contraproducente.

Preguntas del entorno familiar

Responder sí o no

1. ¿Os cuesta educar a vuestro hijo?
2. ¿Os cuesta entender el comportamiento de vuestro hijo?
3. ¿Lo reñís con frecuencia?
4. ¿Os sentís frustrados como padres?
5. ¿Se ve afectado vuestro matrimonio o vuestra vida familiar por el comportamiento del niño?

RESULTADOS

Entre 0 y 1 sí: algunos rasgos complicados.

Entre 2 y 3 sí: niño difícil

Entre 4 y 5 sí: niño muy difícil

Soluciones. La técnica del semáforo

La utilización de este método resulta esencial en estos momentos dada la importancia de educar en actitudes de tolerancia, respeto y convivencia. La sociedad cada vez es más consciente de la necesidad de erradicar fenómenos de violencia y *bullying* (acoso) en los centros educativos, por lo que es prioritario la educación de los aspectos emocionales de la inteligencia.

La facilidad de comprensión del funcionamiento del semáforo para los niños hace que podamos emplear esta técnica como estrategia de aprendizaje en muchas situaciones, tanto en casa como en el colegio.

Está especialmente indicada para la enseñanza del autocontrol de emociones negativas como la ira, la agresividad, la impulsividad, las pataletas, los berrinches y los bloqueos... Esta técnica se basa en los siguientes aspectos:

1. Asociar los colores del semáforo con las emociones y la conducta:

ROJO: PARARSE. Cuando no podemos controlar una emoción (sentimos mucha rabia, queremos agredir a alguien, nos ponemos muy nerviosos...), tenemos que pararnos igual que hace un coche cuando se encuentra con la luz roja del semáforo.

AMARILLO: PENSAR. Después de detenernos, es el momento de pensar y darnos cuenta del problema que se está planteando y de lo que estamos sintiendo.

VERDE: SOLUCIONARLO. Si uno se da tiempo a pensar, podemos descubrir alternativas o soluciones al conflicto o problema. Es la hora de elegir la mejor solución.

Controlar la impulsividad, con la técnica del semáforo

- Trabajar el autocontrol y la paciencia, estableciendo turnos, con el calendario. Cada uno elige un color y según el día de qué color esté en el calendario, le toca a uno u a otro
- Para aprender a parar, enseñarles el semáforo rojo, en ese momento han de parar de hacer lo que estaban haciendo y han de irse al lavabo a lavarse la cara y las manos con agua fría
- Con el semáforo en ámbar han de estar 5 minutos escribiendo o pensando, si son más pequeños, las tres soluciones
- Cuando lo hacen bien tenemos el semáforo verde que poco a poco se irá convirtiendo en nuestro amigos

Para asociar las luces del semáforo con las emociones y la conducta se puede realizar un mural con un semáforo:

- Luz roja: Alto. Tranquilízate y piensa antes de actuar.
- Luz amarilla: Piensa soluciones o alternativas y sus consecuencias. Elegimos entre tres alternativas.
- Luz verde: Adelante, pon en práctica la mejor solución.

No me sale bien, no quiero hacerlo

Cuando son excesivamente perfeccionistas y se enfadan si las cosas les salen mal: con la ayuda del semáforo hay que ayudarles a que aprendan que si lo vuelven a intentar, a la segunda o la tercera les saldrá bien y estarán contentos. Cuando hay enfados, el semáforo se pone rojo y hay que explicar por qué nos enfadamos y dejar de hacer aquello en lo que estábamos enfrascados; es conveniente cambiar de actividad.

2. Aprender formas de controlarse:
   Podemos comenzar pidiendo a los niños que hagan una lista de lo que pueden hacer para calmarse en una situación conflictiva. Lo normal es que surjan diferentes posibilidades:
   - Distanciarse físicamente de la situación: alejarse del lugar, irse a un lugar específico a pensar, no volver hasta estar tranquilo.
   - Distanciarse psicológicamente: respirar profundamente, hacer un ejercicio de relajación, pensar en otra cosa.
   - Realizar alguna actividad que distraiga la atención del foco del problema: contar hasta 10, pasear contando los pasos, escribir en una hoja el motivo del enfado y luego leerla. Dejarlo escrito en la libreta hasta que se haya superado la situación; después se puede arrancar la hoja y tirarla a la basura haciéndola añicos.

Cuando los niños se dan cuenta de que existen muchas maneras de pararse y calmarse, se trata de elegir cuáles pueden ser las mejores para cada uno, según su personalidad y problema.

Como padres o educadores podemos ayudar en esta fase, proponiendo alternativas educativas que no se hayan planteado, por ejemplo respuestas incompatibles con pelearse o llegar a las manos, como cruzar los brazos, alejarse rápidamente del lugar, meter las manos en los bolsillos, etcétera.

3. Hacer prácticas de autocontrol mediante el *role playing:*
   a) En la escuela: El profesor y los compañeros servirán de modelo de conductas de autocontrol y cada uno tendrá su turno para ponerse en una situación en la que tiene que poner en práctica lo aprendido.
   b) En casa: Los padres y hermanos lo llevarán a la práctica por orden cronológico y alternándose, para que una semana le toque empezar al hermano pequeño y la siguiente al mayor. Si son más hermanos, se hará de forma rotativa; siempre ha de tocarles a todos y cada uno ser el primero.

El *role playing* es una experiencia en la que se interpreta un papel determinado, tomado de las experiencias reales de cada uno. Veamos un caso práctico. En casa de Juan, su hermano pequeño David está en la etapa de las pataletas y cada día surge el mismo problema a la hora de desayunar. Para que David pueda verse a sí mismo desde fuera, Juan interpretará su papel y toda la familia representará delante de él una mañana conflictiva.

Así pues, David se sienta en el sillón y Juan en la mesa dispuesto a emular a su hermano en la pataleta diaria. El impacto emocional que eso tiene en los protagonistas es inmediato.

El pequeño David en seguida se rebela negando la evidencia; dice que no con la cabeza, que él no se porta así. Entonces a Juan se le aplica la técnica del semáforo. Su madre le muestra la luz roja y él para de patalear.

4. Utilizar semáforos como estímulos discriminativos: Colocaremos semáforos en diferentes lugares de la casa, o allá donde estemos; también se pueden poner en las escuelas. De esa manera se harán conscientes de que tendrán que pararse, pensar y solucionar pacíficamente sus conflictos

Objetivos educativos. Cómo alcanzarlos

Nuestra intención es conseguir que el niño no sólo aprenda a portarse bien y sea bien educado, sino que entienda el fondo de la cuestión. La educación tiene dos dimensiones: la superficial o formal y la de contenido.

Como padres no sólo aspiramos a que nuestro hijo quede bien en las reuniones sociales y nos feliciten diciendo lo educado que es, sino que el niño entienda, viva, experimente que la vida en sociedad se basa en el respeto mutuo. «No hagas a los demás lo que a ti no te gustaría que te hicieran», será nuestro lema.

Para educarlos en este sentido lo mejor es empezar cuanto antes. Los niños son capaces de asimilar estos contenidos desde el primer año de vida. Sin embargo, a medida que va pasando el tiempo, se hace más complicado, ya que deben borrar lo aprendido y empezar de nuevo. Hay que reiniciar el ordenador, hacer un «reset», lo que requiere un poco más de tiempo y alguna dosis extra de paciencia. Pero siempre estamos a tiempo, aunque nuestro hijo esté en plena adolescencia.

Decálogo de objetivos

1. Autocontrol → disciplina
2. Saber esperar → paciencia
3. Cultura del esfuerzo → perseverancia
4. Motivación → marcarse objetivos
5. Búsqueda de soluciones a un conflicto → empatía
6. Tolerancia a la frustración → saber perder
7. Sentido del humor → saber reírse de uno mismo
8. Empatía → ponerse en el lugar del otro

9. Colaboración → fomentar el trabajo en equipo, la familia vista como un equipo
10. Ser reflexivos → primero pensar, después actuar

El objetivo de esta terapia es salir del esquema de comportamiento establecido para manejar o dirigir al niño en lugar de castigarlo, recuperando así el respeto e instaurando unas normas eficaces. Cuanto más respeto exista entre padres e hijos, menos se necesitará castigar. Para ello, ante un comportamiento no deseado, hemos de trabajar en dos frentes:

1. **Acciones planificadas.** Son las decisiones a las que llegan los padres respecto a las reglas, rutinas, expectativas y consecuencias. La estrategia de actuación debe ser la siguiente: «Tu madre y yo hemos hablado sobre el tema X y la nueva norma es Y. Si no la cumples, pasará Z.» Y lo diremos siempre fuera de la zona conflictiva. Hay que buscar un momento y lugar apropiados para hablar.

Es tan importante lo que se hace como la forma en que se hace. Contenido y forma han de ser coherentes. Si se quiere poner distancia, no hay que hablar de tú a tú, sino con distancia y de arriba abajo, escenificando lo que decimos.

2. **Reacciones.** Son las respuestas instantáneas a un comportamiento no aceptable. La reacción debe ser en el momento y breve, dejando constancia de que estamos en desacuerdo con el comportamiento, no con él o ella. Ésta es una diferencia muy importante.

Por otra parte, ante comportamientos difíciles que provienen de un rasgo de carácter se debe actuar con una actitud comprensiva.

También podemos ayudarles a serenarse con la técnica del *time out* o pausa obligada.

En ese caso le enseñaremos el semáforo en rojo y tendrá que parar de hacer lo que estaba haciendo (*time out* o pausa obligada).

Después se irá al lavabo a lavarse la cara y las manos con agua fría.

El objetivo es salir del esquema establecido y manejar o dirigir al niño en lugar de castigarlo. Se evita así el efecto desgaste y se mantiene una convivencia efectiva.

Para establecer las normas de casa hay que establecer primero las prioridades familiares y luego decidir qué comportamientos queremos que desaparezcan y cuáles queremos fomentar, ya que nuestra actuación será diferente en ambos casos.

Método del 1, 2, 3 para vestirse de prisa y sin problemas

La primera hora del día suele generar muchos conflictos, ya que hay bastantes niños a los que les cuesta despertarse y, sobre todo, ponerse en marcha. Esto podría ser un aviso de falta de sueño o sueño de poca calidad; el niño no descansa profundamente. En este caso es importante vigilar que duerman las horas necesarias; once horas de sueño nocturno son imprescindibles para que todo funcione bien.

Nuestro mayor enemigo en estos casos suele ser la precipitación. Con las prisas perdemos de vista nuestro objetivo, que es el poner las reglas nosotros. Los niños han de aprender a obedecerlas como si fuera un juego.

Si llegamos tarde a la escuela con frecuencia porque nuestro hijo o hija no se quiere vestir o tenemos peleas sobre la elección de la ropa, hemos de averiguar cuál es el tipo de problema al que nos enfrentamos, cuáles son los motivos del conflicto.

Puede suceder que desee reafirmar su personalidad eligiendo la ropa él o ella misma, o quizá se trate de un problema de control y quiera vestirse solo.

Nuestra reacción más frecuente en este tipo de casos suele ser:

a) Ofrecerle más alternativas. Le decimos con la vista puesta en el reloj: «Bueno, pues ponte esto o aquello, que tenemos prisa.» Sin embargo, lo que suele querer el niño no es que le demos facilidades, sino que tiremos la toalla. Si le damos a elegir, tiene la sensación de que ha ganado la batalla. Seguramente su reacción trata simplemente de salirse con la suya y no tiene nada que ver con la ropa.
b) «Déjalo, ya te visto yo y así iremos más rápido», le decimos. Intentamos vestir a nuestro hijo o hija como si fuera un bebé, pero esta opción pronto se convierte en una pelea física, ya que el niño de dos o tres años sabe dar patadas, retorcerse y montar una pataleta.

Vestirse y desvestirse

- Evitamos tener prisa. Prevenimos la situación levantándonos antes y dejando más tiempo al momento de vestirse
- Preparamos la ropa la noche anterior y no le damos opciones para que la elija. Según vaya aprendiendo, podrá ir escogiendo. Si se viste rápido, podrá elegir un día de la semana la ropa que se va a poner
- Le ponemos un reloj de arena para que empiece a calcular el tiempo que tarda en vestirse. Al principio hay que ayudarles, pero cuando han rebasado el tiempo límite, simplemente nos vamos tal como esté
- No le esperamos; así se dará prisa
- Atención a las manías y obsesiones, hay que evitarlas. Para eso le escondemos su ropa fetiche o la dejamos a lavar para que esté mojada cuando quiera ponérsela

A continuación vamos a explicar el método del 1, 2, 3 de forma práctica con el ejemplo de Irene, una niña de cuatro años muy testaruda que da problemas cada mañana cuando ha de vestirse.

Dividimos el tiempo en tres períodos, explicándoselos a la niña como si fuera un juego. Nuestro tono ha de ser agradable, en ningún momento amenazador. Cuando contemos tres, Irene habría de estar vestida.

La clave del éxito está en la interpretación que hacemos los padres.

Debemos transmitirle a la niña la sensación de que no nos preocupa en absoluto cómo vaya vestida. La ropa la escogemos los padres de momento, en función del tiempo que haga y de lo que esté limpio o planchado.

— **A la de una,** le damos la ropa y le echamos una mano en lo que le resulte más difícil.
— **A la de dos,** la avisamos.
— **A la de tres,** ha de estar en la puerta, lista para irnos al cole.

Si a la de tres no está preparada, nos iremos tal como esté. No se puede faltar a clase. «Si no quieres vestirte —le diremos—, pensaré que quieres ir a la escuela en pijama.» Es muy importante no mirarla cuando le hagamos comentarios de este tipo para mostrar mejor la indiferencia que sentimos frente a su comportamiento provocativo. Tendremos cuidado, no obstante, durante los días en que se esté trabajando este tema. Hay que tener la precaución de ponerle un pijama-chándal que no llame excesivamente la atención y avisar a su profesora de que puede que algún día aparezca vestida de esa guisa.

Cómo conseguir que ordenen

Respecto a este tema siempre me acuerdo de Mary Poppins y de cómo conseguía que tarareando o silbando una canción todos los juguetes volvieran a su sitio. Hacía magia; convertía una obligación en un juego... Entonces ¿por qué no la imitamos y cambiamos el cariz del asunto? Si le damos la vuelta, cualquier tarea rutinaria puede convertirse en un divertido y relajado juego.

Podemos empezar cuando el niño o la niña tiene dos o tres añitos. Así conseguiremos que cuando lleguen a otras edades difíciles (a partir de siete u ocho años empiezan a rebatirlo todo, luego llega la pubertad, la adolescencia...) no se cuestionen si han de ordenar o no su habitación, porque lo harán de forma automática, como cuando los adultos nos sentamos al volante y conducimos pensando en otras cosas.

Hemos de tener en cuenta que el aprendizaje de las rutinas se automatiza en nuestro sistema neurológico, con lo que se conoce como conductas reflejas. ¡Aprovechémoslo! Por eso, los psicólogos, pedagogos y educadores insistimos tanto en establecer rutinas y en secuenciar los aprendizajes.

Para que empiecen a recoger sus juguetes...

- Asociad una canción al momento de recoger los juguetes
- Haced «magia», convertid la tarea en un juego
- Si queremos que hagan lo que les decimos, es mejor incentivar y motivar que castigar

Cómo resolver los problemas con las comidas

Respecto a este tema es importante distinguir primero entre niños inapetentes y niños que utilizan la comida como chantaje.

En los casos de bebés o niños hasta dos años que se provocan el vómito para llamar la atención, nuestra actuación ha de ser la siguiente. Lo cuidamos y atendemos, lo lavamos y lo cambiamos, pero con una actitud de indiferencia; no le hablamos ni establecemos contacto visual con él o ella para subrayar el hecho de que con esa conducta no obtiene ningún plus de atención especial, ni negativa ni positiva. Pensemos que, a esas edades, la atención negativa, es decir un sermón o regañina, para ellos significa simplemente atención.

Lo que intentan conseguir con esos comportamientos anómalos (vómitos, berrinches, llantos desconsolados) es que estemos pendientes de ellos exclusivamente y que abandonemos nuestros quehaceres cotidianos.

Cuando están entretenidos, portándose bien o jugando tranquilamente no les prestamos mayor atención. Solemos aprovechar esos momentos para hacer otras cosas. De manera que el niño aprende de forma involuntaria que la única forma que tiene de acaparar nuestra atención es hacer alguna trastada, vomitar o patalear.

Cuando se trata de niños pequeños, menores de seis años, a los que no les gusta un determinado alimento, hemos de tener claro que no se trata de un niño caprichoso. Lo que ocurre a esas edades es que les cuesta probar gustos y sabores nuevos, y que empiezan a manifestar sus preferencias alimenticias.

Cada niño tiene algún alimento que odia. Como Mafalda que detestaba la sopa, otros no soportan las verduras o el pimiento. Sin embargo, al obligarlo a comérselo, no conseguiremos que le guste de repente. Se podrá acostumbrar, pero forzarlo resulta a menudo contraproducente. Además, algo que te comes con asco y a disgusto suele sentar mal.

Hay que diferenciar entre **niños inapetentes:**

— no suelen tener hambre,

— les cuesta comer,

— comerían siempre lo mismo,

— se cansan enseguida, y
— lo pasan fatal cuando han de comer algo a la fuerza. Tampoco suelen gustarles las golosinas ni los pasteles;

y **niños caprichosos:**

— se niegan a comer lo que no les gusta, pero devoran los alimentos que son de su agrado, pizzas, pasta, golosinas...,
— son golosos y pueden darse un atracón de palomitas o de otra cosa que les guste mucho,
— este comportamiento caprichoso lo repiten en otros aspectos, como elegir cómo y dónde ha de comer, en qué plato, con qué vaso... Lo que pretende el niño caprichoso con su comportamiento es utilizar la comida para chantajear emocionalmente a los padres.

Nuestra técnica con estos niños más pequeños consistirá en ir introduciendo poco a poco nuevos alimentos. El menú ha de ser variado y venir presentado en varios platos: 1.º, sopa o pasta; 2.º, carne o pescado con algo de acompañamiento, y 3.º, postre.

Nuestro truco: Los platos han de ser muy grandes para que el niño tenga la sensación de que hay menor cantidad de comida y no se agobie. Reduciremos también la duración del tiempo de las comidas.

Lo mejor que podemos hacer es dedicar media hora

a la comida y que pase de prisa, que coma un poquito de cada plato y conseguir un momento agradable, aunque coma un poco menos. Luego ya le daremos un biberón o un vaso de leche para quedarnos tranquilos. Eso es mucho mejor que tardar hora y media en que se lo acabe todo, casi a la fuerza, de mal rollo y que terminemos todos agotados.

Para saber si realmente tenemos un problema, la señal de alarma sería que veamos como una tortura el hecho de que al niño le toca comer. Hay que empezar entonces a delegar responsabilidades y pasarle el problema también a papá, la abuela, la escuela... Se trata de buscar alternativas hasta que te sientas con fuerzas de volver a intentarlo dentro de otros parámetros que te permitan disfrutar de ese momento con tu hijo.

Otro caso es el de los niños a partir de seis años hasta la adolescencia que nos hacen perder la paciencia, avisándoles una y otra vez que tienen la comida en la mesa, mientras ellos juegan y juegan o están distraídos mirando la tele.

Si nos pudiéramos ver por un agujerito, nos oiríamos formular amenazas que nunca cumplimos, chantajes que no surten efecto y finalmente nos veríamos recalentando el plato, que se ha quedado frío. La escena puede acabar con el niño que no aparece hasta que

Implicación a la hora de comer

- La motivación es muy importante para los niños
- Si los dejas ayudarte a preparar la comida, aunque te den más trabajo, seguro que no tendrás problemas para que se sienten a la mesa. ¡Pruébalo!
- Avisa de que la comida está en la mesa sólo tres veces. Si a la de tres no aparecen, comed sin ellos y guardadles su comida en el congelador
- Vuestra casa no es un restaurante y sólo hay un turno para comer. Si lo pierden, han de esperar al siguiente

lo cogemos por el brazo y casi lo arrastramos literalmente a la mesa.

Una vez en su sitio, empieza el berrinche o las quejas porque encima no le gusta lo que hay para cenar. Pronto empezamos a ofrecerle comidas diferentes, con tal de que coma algo. El resultado es que el niño se sale con la suya.

En estos casos hay que aplicar el método 1, 2, 3 de la siguiente manera. Preparamos la cena y avisamos al niño tres veces: a la una a comer, a las dos a comer y a las tres a comer. Si no viene a la tercera, cogemos su plato y lo guardamos en el congelador.

Mientras, el resto de la familia se dispone a cenar, charlando y riendo. Hacemos comentarios agradables del tipo: «¡Qué rico está!», «Hoy te ha quedado de rechupete.» Si el niño no aparece, se acaba de comer, se recoge todo y se continúa con la rutina habitual sin entablar conversación ni preguntarle nada.

Si al cabo de un rato dice que tiene hambre, que no ha comido, simplemente le contestamos sin apenas mirarlo: «Ah, pensamos que no tenías hambre. Tu comida está congelada, qué pena. Bueno, puedes tomar un vaso de leche, pero no hay nada más hasta la siguiente comida. Ya hemos recogido y ahora estamos ocupados. La próxima vez escucha; te hemos avisado tres veces.»

Éste es un ejemplo de cómo tendría que ser la manera de actuar cuando nuestro hijo o hija no hace caso y «va a su bola» a la hora de comer. Los padres hemos de mantener firmemente esta dinámica hasta que el niño haga caso y no espere a que le avisemos dos veces, que ya venga corriendo. El tiempo que tarde en responder positivamente varía en función del carácter, la tozudez y el hambre del niño.

Atención, en niños inapetentes, esta dinámica no sería la adecuada, sino que habríamos de actuar como si se tratase de un niño menor de seis años, siguiendo la técnica anterior.

Enseñar a respetar y respetarse

En el seno familiar, el respeto es una norma básica para que la convivencia pueda funcionar. Pero es además el motor que impulsa el engranaje educativo. Es muy importante, pues, educarlos para que nos respeten y se hagan respetar.

Los niños nos faltan al respeto cuando nos dejamos pisar por ellos, permitimos que nos contesten mal, nos digan: «Déjame, tonta» o cosas similares, nos tiren los juguetes despectivamente o nos den patadas.

Podemos pensar que lo hacen sin querer, que no tiene mayor importancia y dejarlo pasar finalmente, o creer que todavía no saben lo que esas actitudes significan... pero sólo son excusas. Enfadarse con un hijo, ponerle límites y decirle que no, no es fácil; sin embargo, tenemos un buen motivo para hacerlo: enseñarles lo que es el respeto.

Si no les enseñamos que tratar así a una persona, que además es su madre o su padre, es del todo inaceptable, van a tener muchos problemas cuando sean mayores, porque serán ellos los que no sabrán hacerse respetar por los demás. El respeto no se enseña con sermones, sino que se vive y se experimenta en la propia piel; es imposible de imitar, ya que es una actitud, una forma de mirar, algo que viene de dentro. Es la fuerza que surge desde lo más profundo y ayuda a cada padre y madre a hacerse respetar con cariño y admiración para ser útil a los hijos.

Los niños han de respetar, admirar y confiar en sus padres como lo haría la tripulación de un barco cuando estalla una tormenta. El capitán controla la situación, sabe lo que hay que hacer y mantiene el rumbo fijo. Eso es lo que hemos de hacer con el timón de la familia. Generamos seguridad y confianza cuando somos coherentes y firmes.

Los niños respetan a su profesor cuando les exige y es coherente, pero dejan de tomarlo en serio y le pierden el respeto cuando anuncia un examen y luego se olvida, o no cumple sus promesas ni sus amenazas.

Cómo educar al niño caprichoso

Este tipo de niños suelen ser muy pillos y saben cómo salirse con la suya, les gusta jugar a provocar y hacernos salir de nuestras casillas. Si entramos en su juego, estamos perdidos. Por eso hay que marcarles las distancias y las normas de una forma muy firme y clara.

Con ellos, sin embargo, no hemos de proponernos metas inalcanzables. Sé realista y pon normas que el niño pueda seguir y consecuencias negativas que no os cueste cumplir a los padres. El más mínimo atisbo de debilidad va a ser utilizado para salirse con la suya.

Lo importante no es demostrarle que ganas tú, sino que acabe haciendo lo que quieres que haga sin que se dé cuenta de que lo manipulas un poquito.

El niño caprichoso no es fácil de educar y requiere que los padres trabajen en equipo. Para ello...

- estableceréis una línea pedagógica común, os apoyaréis mutuamente;
- evitaréis las descalificaciones en presencia de los niños, no permitiréis que los niños se aprovechen de vuestros desacuerdos;
- os marcaréis objetivos comunes.

Con los niños caprichosos funciona muy bien ofrecerles dos alternativas para que elijan —se utiliza mucho en psicología sistémica—, porque...

a) prefieren decidir ellos mismos y seguro que lo cumplirán porque ha sido su decisión, no algo impuesto, que es contra lo que suelen rebelarse;
b) las alternativas las ofrecemos nosotros; por lo tanto, habrá una buena, que es lo que nosotros queremos que haga, y otra claramente nefasta, que el niño rechazará sin dudar;
c) de esta manera conseguimos que el niño haga lo que queremos sin que se note que en el fondo estamos dirigiendo y condicionando su elección.

A Dani, de ocho años, no le gusta la leche y no hay manera de que beba ni un vaso, algo que precisamente le ha recomendado el pediatra, porque está bajo de calcio. Así que aconsejamos a su madre que le dijera:

«¿Qué prefieres, un vaso ahora o dos vasos después de cenar?» A lo que Dani respondió con voz triunfante: «Prefiero uno ahora.»

Probablemente el niño haya pensado que ha salido ganando, porque así «no he de tomarme dos vasos luego» y se haya ido con el convencimiento de que ha ganado la partida. En realidad lo que ha pasado es que de manera sencilla y rápida, después de pasar meses y meses peleando, el niño se ha bebido su vaso sin rechistar.

Os recomiendo que probéis la técnica de la doble alternativa en otras situaciones y contextos, por ejemplo, cuando ha cambiado el tiempo pero el niño no quiere abrigarse. En ese caso podéis ofrecerle dos chaquetas a escoger. «¿Qué quieres, la blanca o la azul?» Es realmente sorprendente cómo funciona una técnica tan sencilla.

Cómo conseguir que los hermanos se lleven bien

Para los hermanos que se pelean con frecuencia resulta particularmente eficaz la técnica del semáforo, que aplicaremos de la siguiente manera:

- Les enseñaremos el semáforo en rojo para que dejen de pelearse.
- Enviaremos a cada uno a su rincón de pensar para que busquen una solución a su problema. Han de ofrecer al menos tres alternativas, A, B y C.
- Les dejaremos entre 5 (para los más pequeños) y 10 minutos para que preparen y traigan por escrito sus soluciones.
- Luego las explicarán. Para que el semáforo se ponga en verde habrán de llegar a un acuerdo y hacer las paces.

Trabajaremos también el autocontrol y la paciencia, estableciendo turnos de actividades entre ellos con la ayuda del calendario. Cada uno elige un color y, según en qué color esté el día en el calendario, le toca a uno u otro hacer la actividad que origina la disputa, por ejemplo quién se baña primero.

Para prevenir las peleas y discusiones fuertes, estableceremos también unas normas de «Fuera de juego» o *time-out.*

Establecer las normas del «Fuera de juego» o *Time Out*

1. No pegar
2. No insultar
3. No enfadarse sin motivo
4. No decir siempre que no
5. Esperar el turno
6. Obedecer a la primera
7. No protestar
8. Primero pensar y luego actuar

Cuando los deberes se hacen interminables

Las tareas escolares suelen suponer un calvario para muchas familias. Los niños nunca encuentran el momento de ponerse a hacerlos y luego tardan mucho en acabarlos, si los acaban. Se levantan, se distraen, enredan... y acaban distorsionando la vida familiar.

Ante todo hemos de tener claro que los padres no somos los profesores de nuestros hijos y no debemos hacer los deberes con ellos, ni acabar haciéndoselos. Hay que ayudarles cuando lo piden, pero nuestra función básica es la de establecer las rutinas y hábitos necesarios para que el niño se acostumbre a hacer las tareas como algo que forma parte de su día a día. El adiestramiento en la adquisición de esta rutina es básico, ya que hemos de tener en cuenta la cantidad de distracciones que los niños tienen en la actualidad:

televisión, ordenador, juegos de consola, Internet, messenger, móvil...

Para ello hay que establecer una pauta en la rutina diaria, que incluya los deberes en el espacio de tiempo que queda al salir de clase y después de las actividades extraescolares. Lo haremos así:

— Al llegar a casa, merendarán si aún no lo han hecho.
— Dedicarán un tiempo establecido a los deberes y el estudio, que será de la siguiente manera:
— 15 minutos para los más pequeños, los de parvulario;
— 30 minutos para los de primaria;
— 45 minutos para los mayores, los de secundaria.

Este tiempo ha de ser controlado estrictamente con un reloj. Para los más pequeños funciona muy bien tener un reloj de arena, después será un cronómetro. Lo más importante es que, una vez transcurrido el tiempo, estará prohibido hacer deberes o estudiar.

El niño se mantendrá en el espacio dedicado al estudio, su habitación o la mesa de estudio, con su agenda, libretas, libros y plumier bien colocado encima de la mesa. Y sobre todo evitaremos que en ese momento tenga Internet conectado y a su alcance, el móvil, la consola o cualquier otra cosa con la que se pueda distraer. Esta clase de aparatos tecnológicos han de estar en un lugar neutral de la casa. Y, repetimos, una vez transcurrido el tiempo adjudicado a los deberes, estará prohibido seguir con ellos o estudiar.

Es importante empezar cuanto antes este aprendizaje y el establecimiento de la rutina. Los más pequeños necesitarán un acompañamiento por parte de los adultos que estén con ellos. Necesitan imitar para aprender. Una buena idea puede ser sentarse con ellos a realizar algún trabajo de escritorio a su lado mientras ellos hacen las tareas.

A partir del segundo ciclo de primaria, 3.º o 4.º curso con ocho o nueve años, el tema de los estudios se vuelve cada vez más serio. Sin embargo hemos de seguir igual de firmes respecto al cumplimiento de las rutinas de estudio.

Si no aprovechan el tiempo destinado a realizar las tareas escolares y luego se acuerdan a última hora de que tenían que presentar un trabajo o de que tenían un examen, no debemos caer en la tentación de dejárselo hacer o de ayudarle para que no suspenda.

Hemos de mantener las normas que hemos establecido, ya que nuestro objetivo no es otro que el de que ellos, nuestros hijos, se hagan responsables, aprendan a planificarse el trabajo, se autorregulen y experimenten las consecuencias negativas que tiene la vagancia. Es lo que se conoce como una experiencia correctiva que impulsa al cambio de actitud.

Cuando el niño experimenta que es mejor hacer los deberes a tiempo que pasar el mal trago de que la profesora le regañe en público, le aumente las tareas o le suspenda, cambia de comportamiento y aprende a organizarse y a terminar sus tareas. No suele repetir la mala conducta y cambia de hábitos.

Además hay un incentivo extra: a los niños les atrae lo que está prohibido y ¡en casa está prohibido hacer deberes después de las 7 o 7.30 de la tarde!

Por otra parte, hacer los deberes no es algo indeterminado que pueda durar horas y horas. Ponerle un plazo de tiempo ayuda y motiva a acabar lo antes posible y a no perder el tiempo. Cuando lo hacen bien y administran bien su tiempo, los niños se ven recompensados con más tiempo libre para jugar, dibujar, leer o incluso ver un ratito su serie favorita. Para los padres también es un alivio, ya que, al asignarles un tiempo, se evita que nos pasemos el día persiguiendo a los niños para que hagan los deberes.

En algún caso, cuando necesitan tiempo extra por algún motivo justificado, se les levanta antes, a las 6 o 7 de la mañana, según los horarios y edades de cada uno, para que puedan acabar lo que les ha quedado pendiente.

Este horario tiene una razón de ser, ya que, a partir de las 7.30 de la tarde, ningún niño es capaz de concentrarse en nada; están cansados, tienen hambre y les toca relajarse. La ducha y un buen sueño hacen milagros, y por la mañana están frescos y acaban o repasan en media hora lo que por la noche les hubiera llevado dos horas.

Conclusión

Educar no significa consentir ni dar a nuestros hijos todas las posibilidades, sino saber decirles que no a tiempo. No es fácil; hay que tener muy claro que lo hacemos por ellos, en su beneficio.

Al dicho «Quien bien te quiere te hará llorar», se podría añadir «y te hará conocer cuáles son tus límites para que te superes con esfuerzo e ilusión».

Las autoestima no se consigue alabando todo lo que hace el niño aunque esté mal, sino confiando en que puede superarlo y hacerlo mejor.

El proyecto educativo es un proyecto a largo plazo. Se empieza en la más tierna infancia y se recogen los frutos en la adolescencia. Si construimos bien los cimientos, nos será más fácil reconducir las conductas conflictivas que pueden tener los niños a lo largo de su desarrollo evolutivo: dificultades escolares, suspensos, problemas con los amigos, de adaptación...

Hay cosas que no les podemos comprar. No podemos hacer amigos por ellos, tampoco podemos conseguir que los admitan en el equipo de fútbol, que los elijan para la función de fin de curso, que les haga caso el chico o chica que les gusta ni que acaben estudiando lo que querían.

Debemos prepararles para la realidad, y la realidad es que no se tiene un mando a distancia para conseguir todo lo que se desea. Muchas veces, en cambio, las cosas salen al revés de lo que pensamos, pero eso mismo puede sorprendernos y mejorar nuestras expectativas.

Nuestra tarea no es sólo que sean educados, sino que aprendan a tener criterio propio, que sepan filtrar la información, que sepan decir «no» cuando sea necesario, que sean independientes, autónomos y solidarios. Y, lo más importante, que sepan hacerse respetar y respeten a los demás. Eso les dará libertad de elección y la satisfacción personal de hacer las cosas bien.